本书适合作为高等院校经济管理专业本科

价格波动与
金融市场管理

何启志 戴翔 等◎著

中国金融出版社

责任编辑：张清民
责任校对：孙　蕊
责任印制：裴　刚

图书在版编目（CIP）数据

价格波动与金融市场管理 / 何启志，戴翔等著 . —北京：中国金融出版社，
2018.11

ISBN 978-7-5049-9822-4

Ⅰ . ①价…　Ⅱ . ①何…　Ⅲ . ①物价波动—研究—中国　②金融市场—
市场管理—研究—中国　Ⅳ . ① F726　② F832.5

中国版本图书馆 CIP 数据核字（2018）第 239985 号

出版
发行　中国金融出版社

社址　　北京市丰台区益泽路 2 号
市场开发部　　（010）63266347，63805472，63439533（传真）
网 上 书 店　http：//www.chinafph.com
　　　　　　　（010）63286832，63365686（传真）
读者服务部　　（010）66070833，62568380
邮编　　100071
经销　　新华书店
印刷　　北京市松源印刷有限公司
尺寸　　169 毫米 ×239 毫米
印张　　12.25
字数　　165 千字
版次　　2018 年 11 月第 1 版
印次　　2018 年 11 月第 1 次印刷
定价　　42.00 元
ISBN 978-7-5049-9822-4
如出现印装错误本社负责调换　　联系电话（010）63263947

前　言

　　稳定物价是央行的重要目标之一，那么中国总体物价水平波动特征性如何？受哪些因素的驱动？在世界经济一体化的背景下国际农产品价格和国际石油价格波动性特征如何？如何利用央行信息披露等前瞻性政策来调控资本市场，央行信息披露的货币政策工具效力如何具有重要的理论与现实意义，明确这些问题有利于更好地维持物价和金融市场稳定，也有利于我国多层次资本市场的构建。

　　本书的框架结构安排如下：第一章，绪论，介绍了研究背景与意义。第二章，总体物价水平波动与驱动因素，分析了我国物价总水平的波动性特征以及驱动因素。第三章，国际农产品价格波动风险度量研究，分析了国际农产品价格的波动性特征。第四章，国际农产品和石油价格波动性分析，分析了国际农产品价格和石油价格之间的动态依存关系。第五章，我国黄金期货市场风险测度，分析了我国黄金期货市场的风险状况。第六章，基于中美对比视角的中国影子银行发展研究，基于中美对比视角来研究两国影子银行发展的情况，对比分析异同之处，并提出针对性建议。第七章，央行沟通与金融市场稳定，分析了央行信息披露对金融资产价格和银行风险承担的影响，间接考察央行沟通的货币政策工具效力。第八章，金融市场发展建议，在探讨中国经济新常态的动态特征基础上，从多角度剖析了中国资本市场存在的问题，并提出了一系列在经济新常态背景下如何大力发展多层次资本市场的建议。

　　本书分工如下：何启志负责第二章、第三章、第四章和第八章，彭承亮、何启志和戴翔负责第五章，何启志和张旭阳负责第六章，刘琦和何启志负责第七章，何启志和戴翔负责统撰，何启志负责最后的定稿。

本书可供通货膨胀、农产品价格、央行信息披露、金融市场管理等领域的工作人员阅读和参考，也可以作为高等院校经济管理专业的本科教材。

尽管我们做了最大努力，但疏漏和不足之处仍然不可避免，恳请相关领域的师生多批评指正。

何启志、戴翔等

2018 年 8 月

目 录

第三章　国际农产品价格波动风险度量研究

第四章　国际农产品和石油价格波动性分析

第五章　我国黄金期货市场风险测度

第一章
绪　论

第一节　研究背景与意义

通货膨胀问题是一个具有重要理论和实际意义的问题，一个国家货币政策有效执行的前提是能够对通货膨胀作出科学的预测和有效的控制，所以各国都十分关注通货膨胀问题。而通货膨胀往往又是通过不同的价格指数来测度的，那么这些不同价格指数之间的关系是什么？它们的共同驱动因子是什么？有关这些问题的回答和研究将十分有利于通货膨胀问题的理解和应用。

通货膨胀问题是货币政策关注的核心问题，那么通货膨胀究竟受哪些因素的影响？这些因素又是如何影响通货膨胀的？对通货膨胀影响的滞后期限是多少？这些问题不仅是一国中央银行宏观决策时要考虑的问题，同时也是金融市场参与者洞察宏观经济走势时需要认真思考的问题。

粮食等农产品是人类生存的基础，在我国通货膨胀测度因子消费者价格指数（CPI）的构成中，食品类所占的比例最大，这样农产品价格的波动不仅直接影响人们的基本生活水平，而且还直接影响社会价格总水平。维持农产品价格稳定，避免农产品价格的大起大落不仅是一个重大经济问题，还是一个具有重要意义的政治问题。2010 年中央一号文件也明确提出要完善市场调控机制，确保农产品市场稳定并将农产品价格保持在合理水平。近年来，国内外专家学者对农产品价格波动问题都比较关注。

黄金兼具货币、商品和金融资产等多重属性，在信用货币时代，黄金的货币属性虽不复存在，但其仍然在经济金融领域扮演着重要的角色。黄金作为一国的储备资产，在调节国际收支、维持汇率稳定以及防控系统性金融风险等层面具有举足轻重的作用，同时作为保值性金融资产，能有效地规避通货膨胀，进而为国内乃至国际投资者所青睐。在国际黄金交易中，以黄金期货为主的衍生金融品交易最为热门，国际黄金期货市场以"纽约金"为方向标。而国内黄金期货于 2008 年初正式在上海期货交易所挂牌交易，起步相对较晚，相关机制正逐步完善。

迎合了金融市场多元化的影子银行发展迅速，在一定程度上弥补了传统商业银行体系中的不足，同时承担了比传统商业银行更高的风险。现阶段中国地方政府债务压力陡增，据审计，2013 年省级债务规模平均达到合并财政收入的 70%；影子银行、地方政府财政、房地产部门、商业银行等关键领域存在很大程度的关联性，随着风险的累积脆弱性不断提高（IMF，2014a）。IMF 在 2016 年 4 月的《全球金融稳定报告》中指出，中国正在努力实现经济再平衡，在这个过程中化解了部分金融部门的风险。中国政府对影子银行进行了严格的约束，使融资更多地通过银行和债券渠道，快速处理不良资产以及让部分企业顺利进行债务重组是当务之急。在大方向逐渐明晰的情况下，中国影子银行的发展并没有想象中那么顺利，主要原因是：其一，微观主体发展方向不断分化演进，运作模式日渐复杂，信息不透明、监管不到位使得影子银行机构参差不齐；其二，在市场机制未完善的情况下，面对庞杂的资源链条，影子银行在调动社会积极性的同时，价格机制与风险管理机制逐步削弱，优化资源配置的功能得不到充分发挥；其三，宏观层面，影子银行对传统货币政策调控方式产生了冲击，各类风险逐渐显露，与其他实体之间存在较强的交叉传染倾向等原因限制了影子银行规模继续扩大。现阶段，中国的经济总量已经足够大，但资本市场相对弱小，以影子银行为代表的非正规金融机构发展的不完善、不合理掣肘我国经济的长期稳定发展。

IMF（2016）认为，发展中国家提高市场流动性、增强市场活力与弹性，可以更好地面对趋缓的经济形势、逐渐恶化的金融环境。现阶段，中国想要提高金融创新能力、释放风险、解决融资困境，必须大力培育符合当下的市场与工具。美国影子银行以证券化为中心，且经历过一轮完整的发展周期，理论与实际操作规范均比较成熟，而中国影子银行发展尚处于摸索期，有必要对美国影子银行发展中的经验与教训进行关注。另外，部分金融机构的确准备或已在模仿美国影子银行的运作模式，这个阶段需要在批判与学习的基础上建立自己的一套路子，促进目标与手段相匹配。借助中美影子银行的对比探析两国影子银行的优势与不足，一方面可以为影子银行发展的积极意义提供"佐证"，另一方面可以为中国现阶段金融改革带来有益启示。

近几年，世界各国中央银行逐渐注重通过信息披露的方式引导社会公众和金融市场形成合理预期，以增强货币政策效果。次贷危机后，我国货币当局利用发布《货币政策执行报告》等形式向经济主体传达政策意图，减少了宏观经济波动，取得了良好的调控效果。目前，中央银行除了通过传统货币政策工具来减少金融市场波动外，还选择了信息披露的方式稳定金融市场预期。由此可见，信息披露这个新的货币政策调控方式应用越来越多。那么，中央银行信息披露究竟通过何种渠道影响金融市场以及金融资产价格呢？中央银行信息披露能否减少金融资产价格波动呢？

随着货币政策理论与实践的发展，最近十多年来，各国中央银行的政策理论与实践发生了重要变革，其主要表现是货币当局正不断加强与社会公众和金融市场的沟通交流。货币政策作为一门预期管理的艺术，信息沟通成了管理预期的有效方式之一。中央银行通过有效的信息沟通，引导社会公众以及金融市场形成合理预期，提高了货币政策有效性并实现了货币政策目标。央行沟通是指中央银行利用口头或书面形式向各经济主体提供并交流信息（通常包括货币政策目标、策略、宏观经济前景和将来货币政策趋势等）的行为过程（Blinder 等，2008）。央行沟通的具体形式包括口头沟通和书面沟通，而央行沟通交流的具体方式也是多种多样，比如货币政策执行报告、货币政策委员会会议公告、中央银行行长谈话和采访以及新闻发布会等。

本书特色与工作：第一，研究视角上，考虑了多种价格的波动性特征。不仅基于总体物价水平还基于国际农产品价格、国际石油价格以及黄金期货市场视角研究了多种价格的波动性特征。第二，研究方法上，采用了多种计量方法。针对标准单位根检验计量方法的不足，本书采用了自回归分布滞后模型（ARDL），为确保指标选取的有效性，对有些指标的选取采取了样本外滚动预测检验的方法，通过时变系数模型来客观地判断和验证国际农产品价格与国际石油价格之间的动态依存关系；风险测度方法采用的是条件 VaR 和期望损失法，采用了将定性问题转化为指数的定量化方法。第三，对策建议上，既注意理论和现实背景，又注意实证支持。在理论分析和现实背景梳理基础上，借助中国数据的实证检验结果提出一系列针对性建议。

第二节　现有的研究成果

国内已有不少学者研究了不同价格指数之间的关系。贺力平、樊纲、胡嘉妮（2008）利用 Granger 因果检验实证研究了消费者价格指数（CPI）与生产者价格指数（PPI）之间的关系，通过分析后认为虽然需求因素和供给因素都影响了国内通货膨胀的走势，但是从作用的大小来看，需求因素相对大于供给因素。杨宇、陆奇岸（2009）分别利用脉冲效应和方差分解方法实证研究了 CPI、RPI 和 PPI 三个指标之间的关系，通过分析后他们得到以下结论：CPI、RPI 和 PPI 三个指标之间不仅具有长期稳定的均衡关系，还具有滞后的相互影响效应。萧松华、伍旭（2009）在分析 PPI 和 CPI 的结构体系的基础上，通过成本定价法、生产者理论、产业经济学理论以及 Granger 因果检验等理论方法论证后认为，PPI 能够作为我国通货膨胀的先行指标，PPI 引导了 CPI 的变动。何光辉（2009）分别从结构和动态两个角度实证研究了国内 CPI 与 PPI 之间的相互作用关系。综上所述，国内关于价格指数的研究主要局限于 CPI 与 PPI 之间，而且关于 CPI 与 PPI 之间究竟是"谁引导谁"并没有达成一致性的结论。Ang 和 Piazzesi（2003）为了研究纳入宏观经济变量的利率期限结构动态模型，通过对 CPI、PPI 和即期市场商品价格（PCOM）中提取第一主成分作为通货膨胀水平的测度，研究了通货膨胀变动对收益率动态变化的影响。

对于通货膨胀影响因素的实证研究主要集中于通货膨胀与产出缺口以及通货膨胀与货币供应量之间的关系。Callen 和 Chang（1999）基于印度数据的实证研究表明产出缺口与通货膨胀没有显著的关系，没有包含对未来通货膨胀的有用信息。Claus（2000）通过实证研究表明产出缺口能给货币当局提供一个有用的信号。Durevall 和 Ndung'u（2001）通过研究发现货币供应量对通货膨胀只有短期的影响。很多学者从多角度对货币数量论进行了批评，Moroney（2002）对此有一个很好的总结。Ramakrishnan 和 Vamvakidis（2002）通过实证研究发现货币供给与通货膨胀之间有显著的正向关系。Adebiyi（2007）通过平均绝对百分比误差的预报试验评估了货币供给量能否改善通货膨胀的简单自回归［AR（1）］模型的预测能力，研究结果表明货币总量 M_2 提供了有关价格变动的有用信息。Hillinger 和 Süssmuth（2010）通过实证研究发现不仅限于高通货膨胀时期，货币数量论是一个长期稳定的关系。

国内也有很多学者研究了通货膨胀与产出缺口以及通货膨胀与货币供应量之间的关系。范从来（2000）研究了中国的"产出—物价"菲利普斯曲线，并认为中国的产出与价格水平之间有着同向变动关系。陈彦斌（2008）通过新凯恩斯菲利普斯曲线模型，实证研究发现当期的产出缺口与通货膨胀的关系不显著，但与滞后一期的产出缺口的关系是显著的。范从来（2004）认为货币供给与通货膨胀之间有关系。赵留彦、王一鸣（2005）通过协整检验发现 M_0 与通货膨胀之间存在协整关系，而 M_2 和通货膨胀之间没有长期的稳定关系。杨丽萍、陈松林、王红（2008）基于脉冲响应函数发现货币供应量的变化对物价具有明显的正效应。陈彦斌、唐诗磊、李杜（2009）通过实证研究发现，货币供给量 M_0、M_1、M_2 与我国通货膨胀没有关系。

7

综上所述，在现有研究通货膨胀与货币增长、产出缺口的相关研究中，还未达成一致的意见。例如，有的学者认为货币增长、产出缺口与通货膨胀之间有显著的关系，货币增长、产出缺口能给通货膨胀提供有用的信息。而有的学者持相反的意见。另外，现有研究一般都采用标准计量方法，即首先进行单位根检验，只有当所有变量都是平稳变量时才可以直接进行回归分析，定量研究变量之间的关系。当存在不平稳变量序列时，要么进行差分直到平稳之后，再进行回归，这样会损失数据中的很多长期信息。要么对不平稳变量序列进行协整分析，但这有一个要求，要求这些变量都必须是同阶不平稳序列，而现实中往往有的变量是 $I(0)$ 过程，而有的变量是 $I(1)$ 过程。实证研究中还有一个问题是单位根检验结果有时不太明确。同一个金融变量，其时间跨度不一样往往单位根检验结果也不一样。同时对一个金融变量进行单位根检验时是否包含截距项和时间趋势项有时还具有一定的主观性，而是否包含截距项和时间趋势项往往也会影响单位根检验结果。另外使用不同的单位根检验方法有时也会导致不同的结论（McCulloch 和 Stec，2000）。这些问题都给传统的协整检验方法带来挑战（Shrestha 和 Chowdhury，2005）。剑桥大学的 Pesaran 等人提出的 ARDL（autoregressive distributed lag）模型则可以解决上述问题，不管变量是否同为 $I(1)$ 过程，或同为 $I(0)$ 过程或者 $I(1)$ 过程和 $I(0)$ 的混合，都可以应用 ARDL 模型来检验变量之间的长期关系（邹平，2005）。

国内外关于国际农产品价格的研究主要集中在以下几个方面：第一，侧重于研究究竟是哪些因素影响国际农产品价格波动。Trostle（2008）的一篇研究报告具有一定的典型意义。Trostle（2008）从短期和长期、供给和需求方面讨论了影响国际农产品价格波动的因素并说明它们是如何促进农产品价格上涨，还评估了未来的前景；胡冰川等（2009）分析研究了国际农产品价格波动因素，通过实证研究表明从长期来看生物质能源的发展对农产品价格有着重要的影响。第二，对国内外农产品价格波动传导的研究。Confort（2004）研究了某些农业市场中的价格传输，结果表明与拉美市场和亚洲市场相比，非洲市场具有更不完整传输的特点；Brooks 等（2005）估计了巴西的跨界和国内农产品价格传递并研究了农业政策改革的传递。第三，对国际农产品价格波动预测方法的研究。Benavides（2004）基于玉米和小麦价格数据，研究了历史波动模型、隐含期权模型和综合预测模型的波动性预测精度，实证结果表明：综合预测模型是最准确的，有最低的均方误差，而隐含期权模型优于历史模型。第四，对国际农产品长期趋势以及相关政策建议的研究。Westcott（2007）研究了乙醇行业在美国的发展以及农业部门将如何调整？并认为潜在的市场波动可能会增加低库存和需求无弹性并让农产品市场更容易受到冲击；Tweeten 等（2008）研究了长期的全球农业产量供需平衡和实际的农产品价格趋势，并从增加供给和控制需求两个角度探讨了应对措施。

农产品由于是人类最基本的需要，本来就具有较低的需求弹性，特别是近年来生物质能源的发展进一步降低了农产品的需求弹性，这样就要求农产品必须有非常大的变动才能引起市场上供求关系的改变，最终导致农产品的波动幅度和频率强度比一般商品的幅度和强度要大。自 1980 年以来，国际农产品价格指数已经经受了好几次幅度较大的波动，意味着国际农产品价格具有较大的波动性风险。而与此相对应的是，在现有研究国际农产品价格的文献中，从定量角度实证研究国际农产品价格波动性风险的文献还比较少。风险价值（Value at Risk，VaR）模型和方法是一个测度市场风险的较好技术手段，本节利用 VaR 方法实证研究了国际农产品价格指数的波动性风险，同时考虑到 VaR 本身所固有的局限性：不满足一致性公理和尾部损失测量的非充分性（林辉等，2003）。本节还利用期望损失（Expected Shortfall，ES）方法测度了国际农产品价格指数风险，并进行了国际农产品价格系统性风险的波动性分析。通过实证研究主要得出以下结论：在国际农产品市场中，相对于正态分布更有可能发生极端事件；在 GED 分布和 GARCH 类模型族假设下，将 VaR 和 ES 方法结合起来可以更好地测度国际农产品价格波动性风险；自 2005 年以来，国际农产品价格波动性风险有明显增大的趋势。

国内黄金期货市场也逐渐被学术研究者关注，研究主要集中于期现价格的互动关系与价格发现功能、期货价格影响因素、套期保值功能、期货市场收益波动与风险等层面。在价格发现功能层面，早期研究表明国内黄金期货价格对黄金现货价格并无明显的引导关系（余亮和周小舟，2009），或者黄金期货对黄金现货有单向引导作用（祝合良和许贵阳，2010），黄金期货和黄金现货在价格发现功能中所占的地位差异并不大（余亮和周小舟，2009）。近期研究表明，二者存在双向引导关系，并且黄金期货对黄金现货的引导程度更强，同时新信息对黄金期货价格的融入程度更高，决定了黄金期货市场在价格发现功能中发挥着主要作用（刘飞、吴卫峰和王开科，2013）。在黄金期货市场建设过程中，保证金比例虽时有调整，但其不能改变黄金期货和黄金现货价格的联动关系，不过在一定程度上会降低黄金期货市场在价格发现功能中的贡献率（张洁岚、罗晓铠和李彩霞，2016）。

在期货价格影响因素层面，长期来看，国际金价主要受世界GDP、美国经济、利率、美元指数等因素的影响（冯辉和张蜀林，2012）。国内黄金期货市场在发展起步阶段，自主定价能力较低，往往随着国际价格波动。所以，国内黄金期货市场价格除了受本国黄金现货价格的影响之外，也受伦敦黄金现货、纽约黄金期货以及美元指数等国际因素的影响（杨胜刚、陈帅立和王盾，2014）。

在套期保值层面，研究结论存在一定的差异性。祝合良和许贵阳（2012）研究表明投资者可以利用国内黄金期货市场进行有效套期保值以规避黄金现货价格波动的风险。但是，谢赤、屈敏和王纲金（2013）研究显示黄金期货市场的套期保值效率不高，套期保值功能尚未有效发挥。在套期保值策略上，李红霞、傅强和袁晨（2014）构建的动态套期保值组合能够达到较好的效果。

在收益波动与风险层面，黄金期货市场日收益率呈现出尖峰厚尾，波动具有集聚性、持续性等特征（王兆才，2012）。陈秋雨和Park（2014）利用极值理论测度了市场VaR，但没有考虑期货市场收益波动的集聚性和持续性，胡晓馨（2014）研究表明在较高的置信水平下GARCH-EVT可较为精确地测度市场风险。

总体来看，国内关于黄金期货市场的研究正在逐步推进，在市场收益波动和风险层面的研究在技术方法层面尚有不足，本书将基于现有的研究基础，通过建立EGARCH模型，基于极值理论（EVT）中的阈值模型（POT），测算黄金期货市场的VaR和CVaR，对国内期货市场风险做更进一步的研究。

国内外对影子银行的研究日益丰富，对中美影子银行的研究主要分为三类：单纯研究美国影子银行、单纯研究中国影子银行以及中美影子银行对比研究。

（一）美国影子银行研究

关于美国影子银行的研究主要侧重于对影子银行的流动性、金融监管、系统性风险以及金融杠杆等多个方面。Pozsar 等（2010）对于影子银行给出较权威的定义：影子银行是一些在没有中央银行提供流动性及公共部门进行信用担保的情况下可以让期限、信用及流动性进行转换的金融中介机构。从金融监管不一致的角度看，DeAngelo 等（2015）认为传统银行受到杠杆率限制的差异性导致传统银行陷入竞争劣势中，流动性债权产品会转移到不受监管的影子银行部门。Gennaioli 等（2013）分析了系统风险形成机制，认为证券化通过分散化和多元化来控制风险，却使得金融中介机构处于共同风险暴露中，这些风险很容易通过商业银行迅速传导到整个金融系统中，形成系统性风险。从金融杠杆角度看，Ferrante（2015）认为影子银行系统增加了金融部门的累积杠杆，放大了外部冲击。金融危机过后，同意影子银行有必要受到与商业银行同样或类似监管的占大多数（Acharya 等，2013；Kodres，2013）。但是 Plantin（2014）不建议进行资本管制，认为收紧资本管制可能会刺激影子银行活动的快速增长，导致类货币债务业务的运作和影子银行机构都产生较大的综合风险。Gorton 等（2010）希望通过让货币市场共同基金和资产证券化成为新型的狭义银行来对其进行监管把控，用破产安全港保护的方式激励回购的合规性，但这两方面的可行性仍有待商榷。

（二）中国影子银行研究

对中国影子银行的研究方面，侧重点多是其发展对实体经济的损益以及对金融风险、金融创新、信贷政策、金融监管等方面的影响。对影子银行金融风险方面的消极看法居多，Lu 等（2015）认为中国影子银行在金融市场中为非正式的且大部分不受监管，越来越影响到中国金融稳定。现阶段的经济结构调整可能会导致影子银行违约风险不断上升（巴曙松，2015）。金融创新方面，李扬（2011）认为以服务投资者而进行的金融创新，这一行为本身就带有一定价值，把握度是关键。大部分观点认为中小企业融资很难从商业银行和资本市场等正规渠道得到融资，因此会对影子银行产生依赖（Lu 等，2015；李建军等，2013）。徐军辉（2013）认为，影子银行在一定程度上解决了信息不对称的问题，同时它也加大了中小企业融资成本。巴曙松（2013）进一步指出，当前中国影子银行对完善融资结构和促进经济转型起到了重要作用。金融监管方面，《经济学人》报道称银监会虽然加强了对影子银行信贷的监管，但影子银行总有方法规避监管，如以信托受益权等方式（Jiang，2014）。朱孟楠等（2012）利用最优资本监管模型推导出，当商业银行受到较严格监管时，对影子银行实行一定程度的监管有利于社会福利提高。

总的来说，中国学界在影子银行概念界定等方面已基本达成共识，并对其风险性认识逐步加深，比较认同影子银行对增进中小企业融资、拓展居民收入渠道等方面的有益性。同时，相关部门对影子银行的基调也逐渐趋于一致，即在不严重破坏商业银行利益、不构成区域性系统性风险的情况下，可以促进影子银行的合理发展。

（三）中美影子银行对比研究

关于中美影子银行对比研究相对较少。徐学超等（2012）、陈继勇等（2013）、姚敏（2014）等对中美影子银行在内涵、发展现状及监管等方面分别进行了对比分析，但未能进一步揭露对比背后的意义。陆晓明（2014）认为美国政府层面主导的创新与商业银行资产负债表平稳脱媒为影子银行发展提供了很大帮助，而中国在这两方面的进展均不足，并且与银行的联系过于紧密，立法监管滞后。

综上所述，研究两国影子银行的侧重点有很多不同，究其原因，主要是两国影子银行并非处于同一个发展阶段。国内关于中美比较的研究，数量有限，虽然进行了有意义的探讨，也为中国下一步如何促进影子银行的健康发展提供了有益的指导，但是这些论文大多只是初步描述。为探索中国影子银行未来发展方向，在结合历史背景的前提下，中美影子银行的运作机制、运作效果、主要缺陷等方面的对比分析还有值得继续深入的地方。

作为一种新型货币政策调控方式，我国央行沟通具有货币政策工具效力吗？围绕这个问题，国内已有诸多学者实证考察了央行沟通的货币政策工具效力。冀志斌和周先平（2011）首次利用金融市场高频数据检验了我国央行沟通的货币政策工具效力，结果发现，央行口头沟通比书面沟通更具货币政策工具效力，口头沟通中央银行行长的讲话效果最好。因此，央行沟通与传统货币政策工具一样都可以作为我国中央银行独立使用的货币政策工具。马理等（2013）利用上海银行间同业拆借市场利率数据分析了央行沟通行为对利率市场的影响，结果表明，央行沟通对利率市场波动影响显著且短期内可以减少利率市场波动，而沟通方式、内容和宏观经济环境的不同将会影响央行沟通对利率市场的作用效果。吴国培和潘再见（2014）运用 EGARCH 模型检验了央行沟通对金融资产价格的影响，其研究表明，央行沟通在一定程度上影响金融资产价格，但对长期利率的影响较小。因此，中国人民银行可以把央行沟通作为我国非常规货币政策工具，以提高货币政策的有效性和前瞻性。王自锋等（2015）分别考察了央行沟通与实际干预对人民币汇率波动的有效性以及政府干预的有效性条件，实证结论显示，央行沟通应该置于汇率调节的主要工具地位。总体来说，相关研究均表明央行沟通具有货币政策工具效力，央行沟通作为我国新型货币政策调控工具具有可行性。然而，国内已有文献均从金融市场角度分析我国央行沟通的货币政策工具效力，尚未发现其他方面的经验证据。作为货币政策领域的一次重要革命和一种新的货币政策调控手段，在央行沟通正式成为我国非常规货币政策工具之前，其货币政策工具效力尚有待深入探讨。

2007 年爆发于美国的金融危机早已硝烟散去，但有关此次危机产生的原因及其对经济社会所造成的影响一直是社会各界讨论的热点。在重新思考货币政策与金融稳定关系的背景下，学者们把货币政策立场引起金融中介机构（尤其是商业银行）风险偏好的变化概括为银行风险承担渠道。银行风险承担渠道是指货币政策立场调整后使商业银行风险偏好或风险容忍度变化，商业银行风险承担意愿也随之改变，这就促使商业银行改变经营决策和信贷，最终作用于实体经济。总体来看，货币政策立场对银行风险承担具有负向影响，长期宽松的货币政策会诱发银行承担高风险（Borio 和 Zhu，2008）。央行沟通是风险承担渠道主要作用机制之一，央行沟通状况及其反应对银行风险承担渠道的传导效果具有重要影响（De Nicolò 等，2010）。与此同时，中央银行可以通过货币政策执行报告、新闻发布会以及货币政策委员会公告等方式披露货币政策信息和释放货币政策立场。既然传统货币政策工具释放的货币政策立场可以影响银行风险承担意愿，而具有前瞻性指引功能的央行沟通自然也可能导致银行风险承担水平的变化。由于我国银行业的制度背景和历史原因，商业银行自身信息沟通对银行风险承担行为只产生有限的约束作用（许友传，2009），有关商业银行风险承担行为的调节更多落到了中央银行的肩上。因此，本节将探讨的核心问题是：除了传统货币政策工具外，央行沟通能否引起银行风险承担意愿变化？对这个问题的回答不仅能够考察央行沟通的货币政策工具效力，还有利于进一步挖掘央行沟通的宏观审慎意涵。基于此，本节在货币政策传导银行风险承担渠道的基础上，首先构建理论模型剖析央行沟通对银行风险承担的影响机制，然后使用上市银行数据进行实证分析，进一步验证央行沟通作为我国新型货币政策调控工具的可行性，为该领域的研究提供新证据。

第三节　主要研究内容与框架结构

本书从总体物价水平、国际农产品、国际石油价格、黄金期货市场视角研究了多种价格的波动性特征，然后研究了央行沟通对金融市场稳定的前瞻性调控和引导效果，接着基于中美对比的视角研究了中国影子银行发展的问题，最后提出在经济新常态背景下大力发展多层次资本市场，促进金融市场健康发展的建议。

本书后面的框架结构安排如下：

第二章，总体物价水平波动与驱动因素。本章首先基于 Granger 因果关系检验、脉冲响应和方差分解等方法研究了四种通货膨胀测度指标即居民消费价格指数（CPI）、商品零售价格指数（RPI）、企业商品价格指数（CGPI）和工业品出厂价格指数（PPI），以及其之间的关系，通过主成分分析方法得到驱动这四种指标变动的共同因子，研究了通货膨胀时变标准差与测度因子之间的变化趋势，在参考相关文献的基础上得到以下结论：CPI 引导了 PPI 的变动；可以利用 CPI、RPI、CGPI 和 PPI 的主成分作为通货膨胀的测度因子；我国通货膨胀时变标准差与测度因子的绝对值变化趋势几乎一致。接着，为了确定货币、产出缺口和国际商品价格指数与我国通货膨胀之间是否有长期的关系，能否给我国通货膨胀预测提供除通货膨胀自身所具有的以外的信息，本章基于自回归分布滞后模型（ARDL）进行通货膨胀与相关经济变量的长期关系检验，并进行预报实验，将预测结果与仅包括通货膨胀自身滞后因子的自回归模型的预测结果比较。实证结果显示：货币供给 M_2、

M_1、M_0 都与通货膨胀有显著的长期关系，但是只有 M_0 含有通货膨胀自身没含有的信息，能给通货膨胀提供额外的信息；产出缺口、国际农产品价格指数分别与通货膨胀有长期的关系，含有通货膨胀自身没含有的信息，能给通货膨胀预测提供额外的信息。最后，本章选取国际农产品价格、国际石油价格、美国联邦基金有效利率、美国国内生产总值、美国货币供应量等作为国际因素代理指标，基于 VaR 和 BVaR 方法，通过滚动预测检验，研究国际因素能否给中国通货膨胀水平预测提供额外信息，通过检验表明：国际石油价格和美国联邦基金有效利率通过了预测检验，表明这些指标包含了通货膨胀水平自身所没有的信息。进一步基于具体模型化方法，通过"十二五"前期预测效果，研究前面通过预测检验的国际因素与中国通货膨胀水平的关系。研究发现：国际石油价格和美国联邦基金有效利率仍然能够给中国通货膨胀水平预测提供额外信息。

第三章，国际农产品价格波动风险度量研究。本章基于 GED 分布，在多种 GARCH 类模型族的假设下，实证研究了国际农产品价格指数对数收益率的均值和波动性模型。以此为基础，利用 VaR 模型、ES 模型以及后验检验方法计算了国际农产品价格波动的风险特征。实证结果表明：在国际农产品市场上，相对于正态分布更有可能发生极端事件；在 GED 分布和 GARCH 类模型族的假设下，将 VaR 和 ES 方法结合起来可以更好地测度国际农产品价格波动风险；从 2005 年以来，国际农产品价格波动性风险有明显增大的趋势。最后提出我国要密切关注国际农产品价格波动情况，并提前作出预测，以避免国际农产品价格的大幅波动给我国造成过大的影响。

第四章，国际农产品和石油价格波动性分析。测度生物质能源发展对国际农产品价格影响的常用计量方法是虚拟变量法，该方法对临界点的选择具有一定的任意性。本章在论述国际石油价格影响国际农产品价格渠道的基础上，利用时变系数模型研究了国际农产品价格增长率与国际石油价格增长率之间的动态依存关系，通过实证研究发现：两者之间的依存关系在 2005 年初左右发生了变化，2005 年以后，国际农产品价格更容易受到国际石油价格的影响和冲击。其次利用 VaR- 差分、VaR- 环比、VaR- 季节调整、BVaR- 差分、BVaR- 环比、BVaR- 季节调整方法来研究国际农产品价格的预测，通过实证研究进一步验证了前面的结论并得到适合国际农产品价格预测的方法。

第五章，我国黄金期货市场风险测度。本章通过建立 EGARCH 模型研究黄金期货市场收益率波动特征，并基于极值理论中的 POT 模型，利用 VaR 和 CVaR 指标，测度了我国黄金期货市场风险状况。研究结果表明：（1）黄金期货市场收益率波动特征能够用 EGARCH 模型很好地刻画，具体表现为丛集性、持久性、杠杆效应。（2）EGARCH-POT 模型下计算的时变 VaR 和 CVaR 相较于 EGARCH-N 更为有效准确，说明 POT 模型在刻画极端风险方面具有明显的优势。（3）黄金期货市场风险状况呈现出总体收缓、局部震荡和个别日较为剧烈的特征。最后，提出涨跌停板和保证金比例的动态调整可分别参考 VaR 和 CVaR 指标的相关建议。

第六章，基于中美对比视角的中国影子银行发展研究。中央银行信息披露下的市场预期是金融资产价格形成和变化的重要原因。本章利用措辞提取法合成我国中央银行信息披露指数，根据脉冲响应和方差分解分析中央银行信息披露对金融资产价格的影响。实证结论表明：短期内，中央银行信息披露可以降低金融资产价格波动；与传统货币政策工具相比，中央银行信息披露对金融资产价格的贡献率大于一年期贷款基准利率，小于法定存款准备金率。因此，中央银行应该不断提高信息披露的精准性和完善中央银行信息披露制度，注重培育社会公众的金融素养，降低金融资产价格波动。接着，本章通过分析央行沟通对银行风险承担的影响，间接考察央行沟通的货币政策工具效力。实证研究结论显示：央行沟通对银行风险承担具有显著的正向影响，央行沟通的宽松信息越多，银行风险承担越大。这表明，从金融稳定角度看，央行沟通并非风险中性。因此，央行沟通不仅具有货币政策工具效力，还必须关注金融稳定目标。货币当局可以将央行沟通纳入货币政策工具箱和宏观审慎监管框架，利用有效的央行沟通引导商业银行等金融中介机构转变风险偏好，维护我国金融稳定。

第七章，央行沟通与金融市场稳定。新常态下影子银行风险不断累积，为探究中国影子银行发展情况以及下一步应该采取的策略，以中美两国影子银行对比为主线，基于金融市场发展演进的历史与规律，对影子银行的运作机制、运作效果、主要缺陷等方面进行研究。结果表明：分别以融资为主导及以证券化为中心的中美影子银行体系都存在诸多优缺点；在借鉴与反思的基础上，应不断完善相关的市场条件，规范影子银行运作细则，并逐步引导一部分高资质影子银行向证券化方向过渡，一方面提高金融结构与实体经济的匹配程度，另一方面利用各类金融机构直接或间接的信用支持缓解债务压力。

第八章，金融市场发展建议。基于中国经济新常态的背景，本章探讨了中国经济新常态的动态特征，中国资本市场的发展情况以及与经济的互动关系，从场外市场、股票发行方式、投融资功能协调、金融创新与监管力度不足、专业投资机构缺乏、前瞻性引导不足与信息透明度不高等角度剖析了中国资本市场存在的问题，针对前面分析的问题，从新三板、注册制、投融资并重、金融创新与加强监管、投资者教育、前瞻性引导与信息建设六个方面提出了一系列在经济新常态背景下如何大力发展多层次资本市场的建议。

第二章
总体物价水平波动与驱动因素

第一节 我国通货膨胀测度因子的统计检验

本节利用 Granger 因果关系检验、脉冲响应和方差分解实证研究了 CPI、RPI、CGPI 和 PPI 四个指标之间的关系，通过主成分分析方法得到驱动这四个指标变动的共同因子，最后得出一些结论。

一、我国通货膨胀指标的统计特征

我国现有的测度通货膨胀水平的指标主要有居民消费价格指数（Consumer Price Index, CPI）、商品零售价格指数（Retail Price Index, RPI）、企业商品价格指数（Corporate Goods Price Index, CGPI）和工业品出厂价格指数（Producer Price Index, PPI）。本研究采用的是从 2000 年 1 月至 2009 年 8 月的月度时间序列数据。数据来源分别是国家统计局、中国人民银行、国务院发展研究中心信息网、中国经济信息网、凤凰网和 InfoBank 高校财经数据库。利用上述四种价格指数来测度通货膨胀水平时，一般对价格指数采用每月年度增长率的表达形式。表 2-1 和图 2-1 分别显示了我国居民消费价格指数（CPI）、商品零售价格指数（RPI）、企业商品价格指数（CGPI）和工业品出厂价格指数（PPI）从 2001 年 1 月到 2009 年 8 月的相关统计特性和动态变化特征（对物价指数采用每月年度增长率的表达形式，数据处理软件是 Eviews5 和 Matlab7.0）。

表 2-1　我国通货膨胀指标 CPI、RPI、CGPI 和 PPI 的统计特征

指标	平均值（％）	最大值（％）	最小值（％）	标准差（％）	偏度	峰度	JB	Q（36）	Q²（36）
CPI	1.92	8.70	-1.80	2.49	0.89	3.15	15.50	578.3[0]	510.4[0]
RPI	0.99	8.10	-2.50	2.65	0.98	3.19	18.57	548.7[0]	472.4[0]
CGPI	2.01	10.30	-8.00	4.52	-0.02	2.41	1.70	515.9[0]	471.4[0]
PPI	2.20	10.10	-8.20	3.99	-0.56	3.10	6.15	395.5[0]	331.5[0]

注：偏度反映的是序列分布的对称性；峰度反映的是序列分布的巅峰性或平坦性；JB是检验序列是否服从正态分布的检验统计量；Q（36）和Q²（36）分别是用来检验序列和序列平方是否存在自相关性的检验统计量；方括号内的数值为检验的p值，即拒绝原假设的最小显著水平（Eviews help文件）。

根据表2-1可知，我国PPI的平均值最大，RPI平均值最小；CGPI的标准差和最值差（最大值减去最小值）最大，说明我国的CGPI的波动幅度最大；我国的CPI和RPI的偏度系数大于0，是右偏的，CGPI和PPI的偏度系数小于0，是左偏的；CPI、RPI和PPI的峰度系数大于3，具有尖峰特性，CGPI峰度系数小于3，没有尖峰特性；从JB统计量的值来看，我国的CPI、RPI和PPI的值大于JB临界值，说明我国的CPI、RPI和PPI序列不符合正态分布，而CGPI的JB值小于JB临界值，说明其符合正态分布。CPI、RPI、CGPI和PPI序列的Q（36）和Q²（36）的值都大于1%显著性水平下的临界值，所以CPI、RPI、CGPI和PPI序列以及它们的平方序列不存在自相关的原假设在1%的显著性水平下都不成立，即它们都是自相关的。

图2-1显示了我国通货膨胀指标CPI、RPI、CGPI和PPI动态变化趋势，从图2-1中可以看出这四个指标的轮廓几乎相同，在不少时期都出现了PPI高于CPI的倒挂，这与贺力平、樊纲和胡嘉妮（2008）的实证研究是一致的。

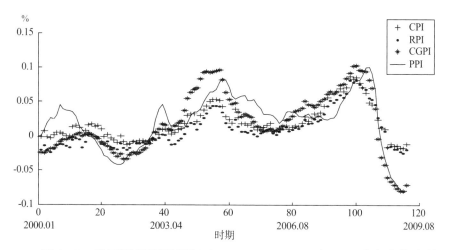

图 2-1 我国通货膨胀指标 CPI、RPI、CGPI 和 PPI 动态变化趋势

二、我国通货膨胀指标之间的关系研究

下面对居民消费价格指数（CPI）、商品零售价格指数（RPI）、企业商品价格指数（CGPI）和工业品出厂价格指数（PPI）测度通货膨胀水平的四个指标做一些介绍。

居民消费价格指数（CPI）反映的是一定时期内城市和农村居民的生活消费品价格和服务项目价格的变动趋势和变动程度的相对数。商品零售价格指数（RPI）反映的是一定时期内城乡商品零售价格的变动趋势和变动程度的相对数（国家统计局网站）。企业商品价格指数（CGPI）反映的是一定时期内国内企业之间物质商品集中价格变动趋势和变动程度的相对数，该指数比较全面和综合地测度了通货膨胀水平和经济波动（百度百科，2009）。工业品出厂价格指数（PPI）反映的是一定时期内全部工业产品出厂价格总水平的变动趋势和程度的相对数（国家统计局网站）。

根据上面的定义并在参考相关文献的基础上同时结合我国相关指数的计算实践可知，居民消费价格指数（CPI）、商品零售价格指数（RPI）、企业商品价格指数（CGPI）和工业品出厂价格指数（PPI）四个指标从不同角度反映了我国的通货膨胀水平。这四个指标之间既有联系又有区别，它们的侧重点有所不同，具体应用时要综合考虑。具体来说，居民消费价格指数（CPI）和商品零售价格指数（RPI）反映的是消费方面，同时在这两者中，居民消费价格指数（CPI）涵盖的范围比商品零售价格指数（RPI）更广，不仅反映了生活消费品价格还反映了服务项目价格的变动趋势和变动程度，在我国第三产业不断发展的时代背景下，居民消费价格指数（CPI）比商品零售价格指数（RPI）更具有现实意义，所以从消费方面测度我国通货膨胀水平的指标来看，我们选用居民消费价格指数（CPI）。工业品出厂价格指数（PPI）反映的是供给方面，是从生产者方面考虑的物价指数，是从厂商角度统计的商品和服务价格的变动趋势和程度（贺力平、樊纲和胡嘉妮，2008）。企业商品交易价格指数（CGPI）反映的是企业间在最初批发环节的集中交易价格，企业商品交易价格指数（CGPI）可以看成是 PPI 和 CPI 的中间传导环节（赵晓、吕彦博，2009）。下面我们研究 CPI、CGPI 和 PPI 相互之间的 Granger 因果关系检验。

在进行 Granger 因果关系检验之前，需要对这些价格指数序列进行单位根和协整检验，为了节省篇幅，这些检验过程我们省略了，只给出最终的检验结果。首先利用 ADF 进行单位根检验，检验结果显示，在 5% 显著性水平下，CPI、RPI、CGPI 和 PPI 水平项都是不平稳序列，而一阶差分项序列都是平稳的，这说明 CPI、RPI、CGPI 和 PPI 序列都是一阶单整过程。接着利用 Johansen 协整检验法分别对 PPI 和 CPI、CGPI 和 CPI、CGPI 和 PPI 进行协整检验，检验结果都显示存在协整关系，所以可以分别对 PPI 和 CPI、CGPI 和 CPI、CGPI 和 PPI 进行 Granger 因果关系检验，检验结果见表 2-2。

表2-2 CPI、CGPI 和 PPI 相互之间的 Granger 因果关系检验结果

序列	零假设	F-统计量	伴随概率
价格指数	PPI 不是引导 CPI 的 Granger 原因	1.936	0.149
	CPI 不是引导 PPI 的 Granger 原因	5.272	0.007
	CGPI 不是引导 CPI 的 Granger 原因	11.390	3.2E-05
	CPI 不是引导 CGPI 的 Granger 原因	4.364	0.015
	CGPI 不是引导 PPI 的 Granger 原因	11.0078	4.4E-05
	PPI 不是引导 CGPI 的 Granger 原因	1.38007	0.25592

由表2-2可知，PPI不是引导CPI的Granger原因，而CPI是引导PPI的Granger原因，也就是说PPI对CPI没有引导作用，而CPI对PPI有引导作用。同时CGPI与CPI互为Granger原因，也就是说CGPI与CPI互相引导。CGPI是引导PPI的Granger原因，而PPI不是引导CGPI的Granger原因，也就是说CGPI对PPI有引导作用，而PPI对CGPI没有引导作用。

上面的实证研究表明 CPI 和 PPI 之间具有协整关系，下面与多数文献一样，利用脉冲响应和方差分解方法来研究消费者价格指数 CPI 和生产者价格指数 PPI 之间的关系。

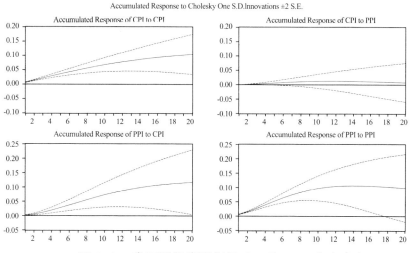

图 2-2 我国通货膨胀指标 CPI 和 PPI 脉冲响应

从图 2-2 可以看出，在只考虑 CPI 和 PPI 这两个变量的脉冲响应中，CPI 的一个单位冲击对其自身的 20 期累计冲击是 0.11 左右，而对 PPI 的 20 期累计冲击是 0.12 左右，PPI 的一个单位冲击对 CPI 的 20 期累计冲击是 0.01 左右，而对其自身的 20 期累计冲击是 0.10 左右。这说明 CPI 对 PPI 的冲击作用远远大于 PPI 对 CPI 的冲击作用。

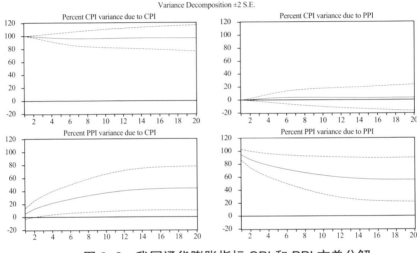

图 2-3　我国通货膨胀指标 CPI 和 PPI 方差分解

从图 2-3 可以看出，在只考虑 CPI 和 PPI 这两个变量的方差分解中，CPI 方差变化的 97% 是由 CPI 引起的，其余 3% 是由 PPI 引起的。PPI 方差变化的 44% 是由 CPI 引起的，其余 56% 是由 PPI 引起的，这说明 CPI 对 PPI 方差变化的作用大于 PPI 对 CPI 方差变化的作用。这与贺力平、樊纲、胡嘉妮（2008）的实证结果相一致，而与萧松华、伍旭（2009）的实证结果相反。在我国通货膨胀的相关影响因素中，从作用的大小来看，需求方面的因素相对大于供给方面的因素，CPI 对 PPI 有引导作用，而 PPI 对 CPI 没有引导作用。

三、我国通货膨胀测度因子研究

我国四个通货膨胀指标之间的相关性见表 2-3。从表 2-3 可以看出，我国这四个通货膨胀指标的相关性很高，其中 CPI 与 RPI 的相关性最高，CPI 与 CGPI 的相关性次之，RPI 与 PPI 的相关性最小，这体现出这四个指标有共同的驱动因子，它们提供的信息部分交叉和重叠，我们希望设计出一种新的综合指标，它既能简化数据，又能尽可能多地反映原来资料的信息。主成分分析方法是通过将多个有一定关系的指标转化为少数几个独立的综合指标，然后通过这几个综合指标来反映所分析事物的内在规律，其目的是研究如何通过少数几个变量来解释绝大多数信息（张嫘、方天塈，2009）。这正好可以应用于我国四个通货膨胀指标中，从这四个通货膨胀指标中综合出它们的共同驱动因子。

表 2-3　我国通货膨胀指标 CPI、RPI、CGPI 和 PPI 之间的相关性

	CPI	RPI	CGPI	PPI
CPI	1.00	0.97	0.90	0.73
RPI	0.97	1.00	0.87	0.71
CGPI	0.90	0.87	1.00	0.86
PPI	0.73	0.71	0.86	1.00

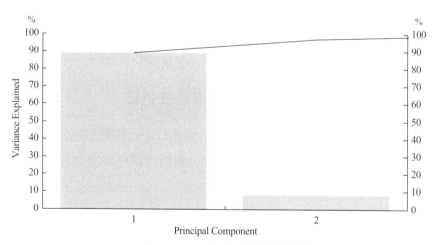

图 2-4　各主成分解释的百分比

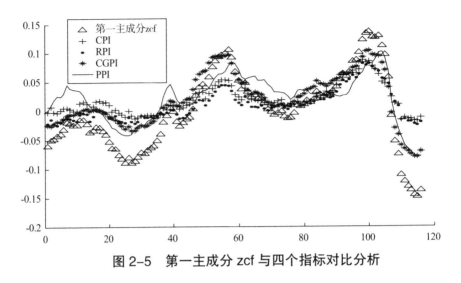

图 2-5　第一主成分 zcf 与四个指标对比分析

图 2-4 显示了各主成分解释的百分比，其中第一主成分 zcf 解释了四个指标变化的 89%，可见第一主成分 zcf 已反映了四个指标的绝大部分运动趋势，图 2-5 进一步对比分析了第一主成分 zcf 与四个指标之间的变动趋势。以后我们可以利用主成分 zcf 作为通货膨胀的测度因子，该测度因子综合了消费者方面，生产者方面以及它们两者之间中间传导环节的信息，能更全面、综合地反映我国的通货膨胀水平，尤其在研究通货膨胀水平对相关变量的影响时，利用该主成分作为测度因子，既可以反映多方面的价格指数的信息，又可以通过降低变量个数而降低空间维数（Ang and Piazzesi, 2003）。

四、我国通货膨胀测度因子的波动性特征

为了研究我国通货膨胀测度因子的波动性特征，我们对通货膨胀测度因子：第一主成分 zcf 建立条件异方差模型，然后以条件标准差作为我国通货膨胀测度因子的波动性水平。

$$zcf_t = \mu + \varepsilon_t \qquad (2\text{-}1)$$

$$\sigma_t^2 = \omega + \alpha\varepsilon_{t-1}^2 + \beta\sigma_{t-1}^2 \qquad (2\text{-}2)$$

这里 zcf 是我国通货膨胀测度因子，综合反映我国通货膨胀水平方面的

信息，μ是常数，$\varepsilon_t / I_{t-1} \sim N(0, \sigma_t^2)$是随机误差，$\sigma_t^2$是条件方差，$\omega$、$\alpha$、$\beta$是待估计的参数。图 2-6 显示了我国通货膨胀时变标准差与测度因子以及测度因子绝对值之间的关系。

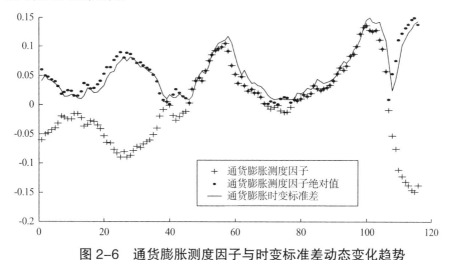

图 2-6 通货膨胀测度因子与时变标准差动态变化趋势

从图 2-6 可以看出，我国通货膨胀测度因子时变标准差与测度因子的绝对值变化趋势几乎一致，通货膨胀测度因子绝对值大，其波动性风险也大。

五、结论

本节基于Granger因果关系检验、脉冲响应和方差分解等方法研究了居民消费价格指数（CPI）、商品零售价格指数（RPI）、企业商品价格指数（CGPI）和工业品出厂价格指数（PPI）四个通货膨胀测度指标之间的关系，通过主成分分析方法得到驱动这四个指标变动的共同因子，研究了通货膨胀测度因子时变标准差与测度因子之间的变化趋势，在参考相关文献的基础上得到以下结论：第一，CPI对PPI有引导作用，而PPI对CPI没有引导作用，这间接说明在我国从生产向消费的价格传导渠道不通畅，同时也意味着在我国通货膨胀的相关影响因素中，从作用的大小来看，需求方面的因素相对大于供给方面的因素。第二，我国居民消费价格指数（CPI）、商品

零售价格指数（RPI）、企业商品价格指数（CGPI）和工业品出厂价格指数
（PPI）四个通货膨胀测度指标之间的相关性比较高，有信息交叉和重叠，
这些指标背后有共同的驱动因子，我们可以利用主成分分析得到这些指标的
第一主成分，然后以第一主成分作为通货膨胀的测度因子，该测度因子综合了
各方面的信息，既有供给方面的又有需求方面的信息，还有它们之间的中间传
导环节的信息。第三，我国通货膨胀测度因子时变标准差与测度因子的绝对值
变化趋势几乎一致。通货膨胀测度因子绝对值大，其波动性风险也大。

第二节　货币和产出缺口
能否给通货膨胀提供有用的信息

本节利用 ARDL 模型动态测度通货膨胀与产出缺口、货币增长以及国
际农产品价格指数之间的关系，并基于样本外预测能力研究相关经济变量能
否给通货膨胀预测提供有用的信息。

一、理论基础和方法介绍

（一）理论基础

研究通货膨胀的经典模型是菲利普斯曲线，基本的菲利普斯曲线主要有
三种表现形式：失业率与货币工资增长率之间的交替关系、失业率与物价上
涨率之间的交替关系、经济增长率与物价上涨率之间的关系（范从来，2000；
中国经济增长与宏观稳定课题组，2008）。现在的实证研究大多关注第三种菲

利普斯曲线，并用产出缺口率来代替经济增长率。按照菲利普斯曲线理论，产出缺口率与通货膨胀率之间有正向关系，产出缺口率为正，意味着实际经济增长率超过潜在经济增长率，经济过热会伴随着较高的通货膨胀率。反之产出缺口率为负，意味着实际经济增长率低于潜在经济增长率，物价水平有下行压力。所以本节选取产出缺口率作为影响通货膨胀的因素之一。

通货膨胀还主要受货币增长的影响。当货币增长超过经济所对应的合理需要时，货币的通货膨胀就发生（Ramakrishnan and Vamvakidis, 2002）。按照货币数量论的观点，通货膨胀本质上是货币现象。所以本节选取货币增长率作为影响通货膨胀的因素之一。关于货币供给，我们分别选取货币和准货币M_2、货币M_1、流通中的现金M_0，以分别研究不同口径的货币供给对通货膨胀的影响。通货膨胀是由属于不同理论假设的多种因素的组合事实驱动的，一个国家通货膨胀水平的变动是多种因素综合作用的结果（ADEBIYI, 2007；中国经济增长与宏观稳定课题组，2008）。

上面分析的产出缺口，货币供给分别代表了影响通货膨胀的需求因素和货币因素。通货膨胀还受很多其他因素的影响，例如还受通货膨胀预期因素、供给因素、外部因素等多种因素的影响（伍超明，2009）。对于通货膨胀预期，我们用通货膨胀率滞后因子作为代理指标。对于供给因素和外部因素涉及的变量指标比较多，其中国际大宗商品价格（分别用国际石油价格指数和国际农产品价格指数）是非常重要的一类指标。从成本构成和推动的角度来看，国际大宗商品价格可以作为供给因素的代理指标。从其反映了国外情况的角度看，国际大宗商品价格又可以作为外部因素的指标。实证中，有的学者将国际大宗商品价格作为供给因素的代理指标，比如伍超明（2009）；有的学者将国际大宗商品价格作为外部因素的代理指标，比如中国经济增长与宏观稳定课题组（2008）。本节研究还包括国际石油价格指数和国际农产品价格指数。

本节基于预测角度，研究我国通货膨胀率与相关宏观经济变量之间的动态依存关系，探究影响我国通货膨胀率动态变化的原因，将分别通过估计单变量和多变量模型来描述我国的通货膨胀率动态变化的过程。构建这些模型的理论基础是消费者价格指数通货膨胀可能是由于消费价格指数预期、产出缺口、货币供应量、国际石油价格指数以及国际农产品价格指数等因素引起的（Ramakrishnan and Vamvakidis，2002）。

对于通货膨胀率我们采用居民消费价格指数（CPI）的季度环比变化率来表示，对于货币增长率我们分别采用 M_2、M_1、M_0 的季度环比增长率来表示，用每个季度的最后一个月的数值作为该季度的数值。对产出缺口率（gap）我们用每季度实际国内生产总值减去潜在的国内生产总值的差再除以潜在的国内生产总值来表示，对国际石油价格指数增长率、国际农产品价格指数增长率我们分别使用国际石油价格指数 OP 和国际农产品价格指数 FP 的季度环比增长率来表示。为了简便，在本研究中我们分别用大写字母 CPI、M_2、M_1、M_0、OP、FP 来表示相关经济变量的数值，用小写字母 cpi、m_2、m_1、m_0、op、fp 来表示相关经济变量的季度环比增长率。本节研究的是 cpi 与相关经济变量的季度环比变化率之间的关系。构建的通货膨胀率影响因素模型的理论基础如下：

$$cpi = f(c, \alpha(l_1)cpi, \beta(l_2)m, \chi(l_3)gap, \delta(l_4)fp, \phi(l_5)op) \quad （2-3）$$

$$\frac{\partial cpi}{\partial m} > 0; \frac{\partial cpi}{\partial gap} > 0; \frac{\partial cpi}{\partial op} > 0; \frac{\partial cpi}{\partial fp} > 0 \quad （2-4）$$

其中，cpi 是通货膨胀率的测度因子，c 是常数项，m 是货币供应量增长率，gap 是产出缺口率，op 是国际石油价格指数增长率，fp 是国际农产品价格指数增长率，$\alpha(l_1)$、$\beta(l_2)$、$\chi(l_3)$、$\delta(l_4)$、$\phi(l_5)$ 分别是各个经济变量的滞后算子。∂ 是求偏导符号，偏导符号为正，表明 cpi 与该变量有正向关系。

（二）ARDL 方法介绍

利用 ARDL 方法研究变量之间的关系，无须对变量进行平稳性检验，但基于 ARDL 方法建立长期关系模型和误差纠正模型是在相关变量有长期关系的前提下进行的，所以，ARDL 方法主要分为三个阶段（邹平，2005；

Pesaran, Shin and Smith, 2001）。

第一个阶段是判断变量之间是否有长期关系。以本节的 cpi、gap、m、fp 为例。可以通过检验下面 ARDL（p_1、p_2、p_3、p_4）模型中的 cpi_{t-1}、gap_{t-1}、m_{t-1}、fp_{t-1} 系数的整体显著性来判断 cpi、gap、m、fp 之间是否有长期关系。

$$Dcpi_t = a_0 + \sum_{i=1}^{p_1} b_i Dcpi_{t-i} + \sum_{j=1}^{p_2} c_j Dgap_{t-j} + \sum_{k=1}^{p_3} d_k Dm_{t-k} + \sum_{l=1}^{p_4} e_l Dfp_{t-l} + f_1 cpi_{t-1} + f_2 gap_{t-1} + f_3 m_{t-1} + f_4 fp_{t-1} + \varepsilon_t \qquad （2-5）$$

其中，D 表示差分运算；a_0 是截距项；cpi、gap 如前所述，m 是货币增长率（分别代表 m_0、m_1 和 m_2 三种情形）；p_1、p_2、p_3、p_4 分别是滞后项数；$a_0, b_1, \cdots, b_{p1}, c_1, \cdots, c_{p2}, d_1, \cdots, d_{p3}, e_1, \cdots, e_{p4}, f_1, f_2, f_3, f_4$ 是待估计的参数，ε_t 是残差项，本节模型中没有包括的变量对 cpi 的影响将包含在 ε_t 中。

检验的原假设是变量 cpi、gap、m、fp 之间不存在长期关系。即 $H_0: f_1 = f_2 = f_3 = f_4 = 0$，备择假设是 $H_1: f_1 \neq 0$ 或者 $f_2 \neq 0$ 或者 $f_3 \neq 0$ 或者 $f_4 \neq 0$。检验 f_1、f_2、f_3、f_4 联合显著的统计量是 F 统计量。Pesaran 等（2001）给出了不同自变量个数、是否包含截距项和时间趋势项、不同显著性水平下的临界值的上界和下界。实证检验时，若计算的 F 值大于临界值上界则无须检验变量平稳性，可以直接断定变量之间存在长期关系。若计算的 F 值小于临界值下界也无须检验变量平稳性，可以直接断定变量之间不存在长期关系。若计算的 F 值介于临界值下界和上界之间，则需要做进一步的检验来判断变量之间是否存在长期关系。

第二个阶段是得到基于 ARDL 方法的长期关系模型和误差纠正模型。注意这个阶段只有在第一个阶段顺利完成，并证明变量之间有长期关系时才可以进行。

式（2-6）和式（2-7）分别是基于 ARDL（p_1、p_2、p_3、p_4）方法而构建的通货膨胀测度因子 cpi 与其影响因子的长期关系模型和误差纠正模型。

$$cpi_t = a_0 + \sum_{i=1}^{p_1} b_i cpi_{t-i} + \sum_{j=0}^{p_2} c_j gap_{t-j} + \sum_{k=0}^{p_3} d_k m_{t-k} + \sum_{l=0}^{p_4} e_l fp_{t-l} + \varepsilon_t \qquad （2-6）$$

$$Dcpi_t = a_0' + \sum_{i=1}^{p_1} b_i' Dcpi_{t-i} + \sum_{j=0}^{p_2-1} c_j' Dgap_{t-j} + \sum_{k=0}^{p_3-1} d_k' Dm_{t-k} + \sum_{l=0}^{p_4-1} e_l' Dfp_{t-l} + \delta ecm_{t-1} + \varepsilon_t' \qquad （2-7）$$

其中，a_0、b_i、c_j、d_k、e_l、a_0'、b_i'、c_j'、d_k'、e_l'、δ 是待估参数。p_1、p_2、p_3、p_4 是滞后项数，可根据 AIC、SBC、HQC 准则来确定它们的值。ecm 是长期关系的误差，反映对长期均衡关系的偏离，δ 是误差修正项系数，反映了对长期均衡偏离的调整力度。

第三个阶段是预测分析。根据第二个阶段得到的基于 ARDL（p_1、p_2、p_3、p_4）的长期关系模型和误差纠正模型可以对因变量进行样本内和样本外的预测，以反映 ARDL（p_1、p_2、p_3、p_4）模型的效果并判断各变量之间的长期关系和短期关系。

二、实证研究

（一）数据选取与处理

根据前面构建的模型研究需要，本节需要以下数据：通货膨胀率、产出缺口率、货币增长率、国际石油价格指数增长率、国际农产品价格指数增长率。数据来源是中经网统计数据库、中国人民银行、IMF 数据库等，数据处理软件是 Eviews5.0 和 Microfit4.1。陈彦斌（2008）认为年度数据由于时间跨越比较长，无法避免卢卡斯批判，月度数据由于波动频率过高，往往会导致计量方程不稳定。所以在本节中我们也使用季度数据。

通货膨胀率我们以居民消费价格指数（CPI）的变化率 cpi 来表示。我们采用的是季度环比数据，由于我国居民消费价格指数只有月度环比数据，所以我们采用陈彦斌（2008）的方法，将一个季度内每个月的环比数据连乘得到季度环比数据。

产出缺口是实际国内生产总值与潜在的国内生产总值的差，实际国内生产总值要利用 GDP 平减指数或者定基居民消费价格指数进行调整，由于本节通货膨胀率没有采用 GDP 平减指数来计算，从模型数据匹配的角度考虑，与陈彦斌（2008）一样采用定基居民消费价格指数进行调整。又由于我国从 2001 年才开始公布定基居民消费价格指数，时间跨度比较短。所以本节采用的定基居民消费价格指数是这样计算的，将各期通货膨胀季度环比数据连乘得到累计的通货膨胀指数，再以 1995 年第一季度的居民消费价格指数为基数 1，分别计算其他各个季度的定基居民消费价格指数。潜在的国内生产总值我们采用 HP 滤波的方法来估计。实证研究中，一般采用相对产出缺口，即产出缺口率，我们以实际国内生产总值减去潜在的国内生产总值的差再除以潜在的国内生产总值的比值来表示。

货币增长率我们分别采用货币和准货币 M_2、货币 M_1、流通中的现金 M_0 的季度环比增长率，用每个季度的最后一个月的数值作为该季度的数值。对国际石油价格指数增长率、国际农产品价格指数增长率我们都是使用季度环比的形式。

实证研究的时间跨度是 1995 年第一季度至 2010 年第一季度。考虑到各种变量的滞后效应一般不会超过一年半，货币政策的提前制定一般也在一年半以内。我们将整个期限的数据分成两块，其中一块是 1995 年第一季度至 2008 年第三季度的数据，该范围的数据主要用于回归拟合，得到相关模型的参数值。另一块是 2008 年第四季度至 2010 年第一季度的数据，该范围的数据主要用于样本外预测，以验证模型的有效性。

下面的实证研究分两个步骤进行，首先进行单个指标研究，再进行多个指标综合研究，研究在其他指标存在的情况下，相关指标是如何影响通货膨胀的。具体在每个步骤中首先利用 ARDL 方法检验相关指标与通货膨胀率之间是否有长期关系，若检验发现没有长期关系，则直接排除该指标。若有长期关系则进行误差纠正估计和预测实验，并将预测结果与基本模型即仅含通货膨胀率自身滞后因子的模型比较，若样本外预测能力高于基本模型则证明该指标含有通货膨胀自身所含有的以外的信息，能给通货膨胀提供额外的信息。

（二）单指标检验

我们首先研究通货膨胀率与单个经济变量指标：m_2、m_1、m_0、gap、

fp、op 之间的关系。利用 ARDL 模型研究变量之间的关系，首先要确定变量之间是否有长期关系。利用前面介绍的方法，分别检验单个 m_2、m_1、m_0、gap、fp、op 指标是否与通货膨胀率 cpi 有长期关系，为了节省篇幅，我们通过表格给出各个检验的 F 值。

表 2-4　通货膨胀率与单个经济变量指标之间的长期关系检验

变量	截距项和趋势项 [a]	F 值	0.1 临界值 [b]		0.05 临界值		检验结果
			I（0）	I（1）	I（0）	I（1）	
m_2	含截距、不含趋势项	4.08	4.04	4.78	4.94	5.73	有长期关系
m_1	含截距、不含趋势项	6.56	4.04	4.78	4.94	5.73	有长期关系
m_0	含截距、不含趋势项	5.27	4.04	4.78	4.94	5.73	有长期关系
gap	含截距、不含趋势项	9.34	4.04	4.78	4.94	5.73	有长期关系
fp	含截距、不含趋势项	6.32	4.04	4.78	4.94	5.73	有长期关系
op	含截距、不含趋势项	3.50	4.04	4.78	4.94	5.73	无长期关系

注：a. 我们之所以采取含截距、不含趋势项主要基于以下考虑：第一，这些变量的平均值不是零，所以含截距项，同时 MICROFIT 软件也建议作为一项规则，最好包括回归截距项；第二，这些变量没有很明显的上升或下降趋势，所以不含趋势项，同时若含有趋势项则在后面的样本外预测中会大幅降低预测效果。b. 当 F 值低于下界时，无论变量序列是 I（0）过程还是 I（1）过程，都表示变量间没有长期关系。当 F 值大于上界时，无论变量序列是 I（0）过程还是 I（1）过程，都表示变量间有长期关系。当 F 值处于下界和上界之间时要根据变量的单整性来确定。表 2-4 中的临界值来源于 Pesaran 等（2001）。

根据表 2-4，对于 m_2，在 5% 的显著性水平下，它的 F 值小于临界值的下界，可以直接断定它与通货膨胀率之间没有长期关系。但是在 10% 的显著性水平下，它的 F 值介于临界值的下界和上界之间，这样无法直接断定它们与通货膨胀率之间是否有长期关系。为了确定 m_2 是否与通货膨胀率有长期关系，我们需要检验 m_2 序列的平稳性。通过 ADF 检验，我们发现 m_2 序列是平稳的，这样 m_2 的 F 统计量值大于 10% 的显著性水平的临界值，说明在 10% 的显著性水平下 m_2 与通货膨胀率有长期关系。对于指标 m_1、gap、fp，它们的 F 值都大于 5% 的显著性水平下临界值的上界，这样无须检验它们的平稳性，可以直接断定它们与通货膨胀率之间有长期的关系。对于 m_0，它的 F 值大于 10% 的显著性水平下临界值的上界，在 10% 的显著性水平下可以直接断定它与通货膨胀率之间有长期关系。但若在 5% 的显著性水平下，其 F 值介于下界和上界之间，这样无法直接断定它与通货膨胀率之间是否有长期关系。为了确定在 5% 的显著性水平下，m_0 是否与通货膨胀率有长期关系，我们需要检验 m_0 序列的平稳性。通过 ADF 检验，我们发现 m_0 序列是平稳的，这样 m_0 的 F 统计量值大于 5% 的显著性水平下的临界值，说明在 5% 的显著性水平下 m_0 与通货膨胀率有长期关系。对于 op，它的 F 值小于 10% 的显著性水平下临界值的下界，可以直接断定它与通货膨胀率之间没有长期关系。

综上所述，在 10% 的显著性水平下，m_2 与通货膨胀率之间有长期关系，而在 5% 的显著性水平下，m_2 与通货膨胀率之间没有长期关系。无论是在 10% 显著性水平下还是在 5% 的显著性水平下，单个指标 m_1、m_0、gap、fp 分别与通货膨胀率之间有长期关系。无论是在 10% 的显著性水平下还是在 5% 的显著性水平下，op 与通货膨胀率之间没有长期关系。

对确定与通货膨胀率 cpi 有长期关系的经济指标 m_2、m_1、m_0、gap、fp，我们可以进行 ARDL 方法的第二步实证研究，分别得到 cpi 与各个指标的基于 ARDL 的长期关系模型和误差纠正模型并进行预报实验。为了节省篇幅，我们只分别给出 cpi 与 m_2、m_1、m_0、gap、fp 的误差纠正模型中误差项的系数和相关检验统计量，见表 2-5。

表 2-5　单个指标的误差纠正检验结果

变量	误差纠正项系数	显著性水平
m_2	-0.5142	-2.52[0.015]
m_1	-0.4702	-2.73[0.009]
m_0	-0.4519	-2.72[0.009]
gap	-0.5013	-3.42[0.001]
fp	-0.8303	-4.83[0.000]

从表 2-5 可以看出，在 5% 的显著性水平下各个指标的误差纠正项的系数都是显著的，也都满足误差纠正项系数的一般性要求，都是负数，而且都在 -1 到 0 之间。这进一步验证了 cpi 分别与 m_2、m_1、m_0、gap、op 之间有长期关系。

以上虽然说明了我们选择的这些指标与通货膨胀率之间有长期关系，但都是基于拟合样本内的数据。为进一步研究这些变量与通货膨胀率之间的关系，下面我们研究在样本数据之外，这些变量是否还有助于预测通货膨胀率，或者这些变量是否含有通货膨胀自身所含有的以外的信息，能给通货膨胀提供额外的信息。具体做法是分别根据通货膨胀率与各变量的 ARDL 模型预测样本数据外的通货膨胀率，并将预测结果与基本模型即仅含通货膨胀率自身滞后因子的模型比较，若样本外预测能力高于基本模型则证明该指标含有通货膨胀自身所含有的以外的信息。表 2-6 分别给出了仅含通货膨胀率自身滞后 4 阶因子的 AR（4）模型、基于 cpi 和 m_2 的 ARDL 模型、基于 cpi 和 m_1 的 ARDL 模型、基于 cpi 和 m_0 的 ARDL 模型、基于 cpi 和 gap 的 ARDL 模型、基于 cpi 和 fp 的 ARDL 模型的样本内和样本外预测结果。

表 2-6　单个指标的预测检验结果

变量	样本内		样本外	
	平均绝对误差	均方根误差	平均绝对误差	均方根误差
AR（4）	0.0082	0.0102	0.0103	0.0131
m_2	0.0082	0.0102	0.0124	0.0146
m_1	0.0068	0.0086	0.0126	0.0133
m_0	0.0072	0.0092	0.0069	0.0112
gap	0.0066	0.0081	0.0074	0.0103
fp	0.0063	0.0074	0.0059	0.0072

无论是根据平均绝对误差还是均方根误差，从样本外预测能力来看，基于 cpi 和 m_2 的 ARDL 模型、基于 cpi 和 m_1 的 ARDL 模型都低于仅含通货膨

胀率自身滞后 4 阶因子的 AR（4）模型，这说明 m_2 和 m_1 对通货膨胀率的影响都可以通过通货膨胀率自身的历史信息来反映。无论是根据平均绝对误差还是均方根误差，无论是从样本内还是样本外的预测能力来看，基于 cpi 和 m_0 的 ARDL 模型、基于 cpi 和 gap 的 ARDL 模型、基于 cpi 和 fp 的 ARDL 模型都高于仅含通货膨胀率自身滞后 4 阶因子的 AR（4）模型，说明变量 m_0、gap、fp 含有通货膨胀自身所没含有的信息，能给通货膨胀提供额外的信息。

（三）多指标检验

以上实证研究采用的是单指标，下面为了综合反映这些经济变量之间的动态关系，我们研究这些变量综合在一起时对通货膨胀率的影响作用，也就是研究相关的经济变量在其他经济变量存在的情况下与通货膨胀率的关系。前面分析表明，在我们选取的多个变量中，只有 m_0、gap、fp 既通过了 ARDL 方法的 F 检验，又通过了预测实验，表明它们不仅分别与通货膨胀率有长期关系，也表明它们分别包含除通货膨胀自身含有之外的信息。所以下面的综合模型中我们只包括 cpi、m_0、gap 和 fp。具体实证研究过程类似于单指标的实证研究过程。

第一步，检验 cpi 与 m_0、gap、fp 之间是否有长期的稳定关系，m_0、gap、fp 是否对 cpi 有长期的影响。根据 ARDL 方法，得到 F 检验统计量值是 4.04，在 10% 的显著性水平下，大于 F 统计量值临界值的上界，所以在 10% 的显著性水平下，无须检验各个变量的平稳性，可以直接判断 m_0、gap、fp 对 cpi 有长期的影响。

第二步，进行 ARDL 长期关系和误差纠正模型估计。我们以 cpi 为因变量，以 m_0、gap、fp 为自变量，基于 Akaike Information Criterion、Schwarz Bayesian Criterion、Hannan-Quinn Criterion 信息准则，得到以下的 ARDL（2，0，2，0）的长期关系模型和误差修正模型。具体系数及相关检验统计量见表 2-7。

表2-7　*cpi*、*m*$_0$、*gap* 和 *fp* 的 ARDL（2,0,2,0）的长期关系模型

回归因子	系数	标准误差	T-统计量 [Prob]
cpi（-1）	0.0232	0.0922	0.2518[0.802]
cpi（-2）	0.4203	0.0837	5.0190[0.000]
m$_0$	0.1162	0.0478	2.4330[0.019]
gap	0.0339	0.0161	2.1032[0.041]
gap（-1）	0.0447	0.0136	3.3018[0.002]
gap（-2）	-0.0443	0.0204	-2.1772[0.035]
fp	0.0922	0.0177	5.2211[0.000]
INPT	-0.0026	0.0018	-1.4574[0.152]

调整 R^2=0.8341

系数整体显著性的检验统计量 F（7,42）=36.19[0.000]

自相关检验的 LM 形式：CHSQ（4）=7.26[0.123]；F 形式：F（4,38）=1.61[0.191]

残差正态性分布检验：CHSQ（2）=1.55[0.461]

异方差检验的 LM 形式：CHSQ（1）=0.0214[0.884]；F 形式：F（1,48）=0.0206[0.887]

注：因变量：*cpi*；时间跨度：1995Q1–2008Q3。

下面从变量系数、整体解释能力、残差自相关、残差分布的正态性、残差异方差等方面对ARDL（2,0,2,0）的长期关系模型进行模型检验。第一，方程中解释变量的符号符合经济理论，*m*$_0$、*gap*、*fp*的系数为正。第二，调整R^2为0.8341，说明*cpi*变化的83.41%能由方程所解释，同时F检验统计量F（7,42）=36.19[0.000]，方程中所有系数为零的原假设被拒绝了，方程系数在整体上是显著的。第三，残差自相关的LM和F检验中的P值都大于5%的显著性水平，表明模型残差是不自相关的。第四，残差分布的正态性和异方差检验中的P值都大于5%的显著性水平，说明模型残差服从正态分布并且与解释变量不相关。模型不仅具有较好的解释能力而且通过了各种检验。从表2-8可以看出通货膨胀率与通货膨胀率滞后因子，货币供给，产出缺口，以

及国际农产品价格之间都有显著的关系。无论是根据系数显著性还是系数值的大小，通货膨胀率滞后因子都是现期通货膨胀率最主要决定因素。通货膨胀率与m_0之间的关系主要体现在当期，这是因为m_0是流通中的现金，是直接购买力，反映的是当期购买力。通货膨胀率与3个时期的产出缺口都有显著的关系，无论是根据系数显著性还是系数绝对值大小，滞后1期的产出缺口对通货膨胀率影响最大。通货膨胀率与国际农产品价格之间也有着非常显著的关系。

表2-8　基于 *cpi*、m_0、*gap* 和 *fp* 的 ARDL（2,0,2,0）误差修正模型

回归因子	系数	标准误差	T- 统计量 [Prob]
*dcpi*1	-0.4203	0.0837	-5.02[0.000]
dm_0	0.1162	0.0478	2.43[0.019]
dgap	0.0339	0.0161	2.10[0.041]
*dgap*1	0.0443	0.0204	2.18[0.035]
dfp	0.0922	0.0177	5.22[0.000]
dINPT	-0.0026	0.0018	-1.46[0.152]
ecm（-1）	-0.5565	0.1162	-4.79[0.000]

其中：*ecm*=cpi-0.2088×m_0-0.0617×gap-0.1657×fp+0.0047×INPT

调整 R^2=0.9433

系数整体显著性的检验统计量 F（6,43）=137.11[0.000]

注：因变量：*dcpi*；时间跨度：1995Q1-2008Q3。

基于*cpi*、m_0、*gap*和*fp*的ARDL（2,0,2,0）误差修正模型中，除dINPT的系数不显著外，其余系数是显著的，F检验统计量F（6,43）=137.11[0.000]，方程中所有系数为0的原假设被拒绝了，方程系数在整体上是显著的。调整R^2为0.9433，说明*dcpi*变化的94.33%能由方程所解释，说明该误差纠正方程有较好的解释能力。从表2-8可以看出，这个综合模型中的误差修正项的系数显著而且系数也符合要求：一方面系数是负的，另一方面其绝对值在0到1

之间，符合反向修正机制。说明前一期偏差的55.65%左右会在下一期得到调整。这进一步说明cpi与m_0、gap、fp之间有长期的稳定关系。

通货膨胀率变化的滞后项系数显著为负，表明我国通货膨胀率的变化具有反转性，因为我们采用的是通货膨胀季度环比数据，从形状上看呈波浪形（陈彦斌，2008），一个季度有较高的通货膨胀率后，下一个季度虽然仍然会保持较高的通货膨胀率，但与前一个季度相比的增长速度会下降。结合表2-7中通货膨胀率水平滞后项系数显著为正，我们可以发现，我国的通货膨胀预期体现在两个方面：若前期的通货膨胀率比较高，那么下期的通货膨胀率也会比较高，但增加幅度会降低；反之若前期的通货膨胀率比较低，那么下期的通货膨胀率也会比较低，但增加幅度会增加。这说明我国通货膨胀率既有惯性又有稳定性，通货膨胀受前期的影响但不会无限制持续增加或减少。

为进一步验证综合模型的有效性，我们也进行样本外的预测实验，结果见表2-9。从表2-9并结合表2-6可知，基于cpi、m_0、gap和fp的综合ARDL（2,0,2,0）模型的预测结果优于上面任一单指标ARDL模型，且样本外预测效果还优于样本内预测效果，这更进一步说明了基于cpi、m_0、gap和fp的ARDL（2,0,2,0）模型的有效性。为进一步研究该综合模型的有效性，作出水平cpi动态预测图。从图2-7中可以看出，无论是样本内还是样本外，该模型的预测值接近实际值，进一步说明该模型较准确地反映了cpi与相关宏观经济变量之间的动态依存关系。

表 2-9　多个指标的预测检验结果

变量	样本内		样本外	
	平均绝对误差	均方根误差	平均绝对误差	均方根误差
cpi、m_0、gap 和 fp	0.0048	0.0061	0.0021	0.0027

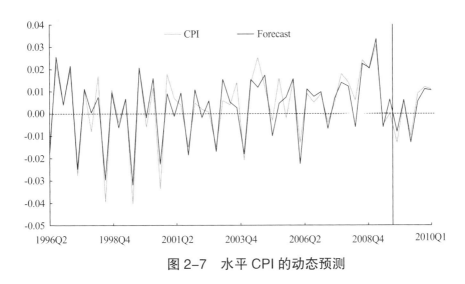

图 2-7 水平 CPI 的动态预测

上面利用 ARDL 方法并根据样本内数据的拟合效果和样本外数据的预测效果，通过实证检验发现通货膨胀滞后因子对当期通货膨胀的影响最大，货币供给 m_0、产出缺口 gap 以及国际农产品价格指数 fp 都与我国通货膨胀测度因子之间有显著的长期关系，含有通货膨胀自身所没含有的信息，能给通货膨胀提供额外的信息。为了进一步验证本节结论的有效性，本节还采用传统的 Granger 因果关系检验、方差分解方法研究我国通货膨胀测度因子与相关宏观变量之间的关系。

在利用 Granger 因果关系检验、方差分解方法研究我国通货膨胀测度因子 cpi 与货币供给 m_0、产出缺口 gap 以及国际农产品价格指数 fp 的关系之前，首先需要对 cpi、m_0、gap 以及 fp 进行单位根检验，在单位根检验时除了 gap 既不含截距项又不含趋势项之外，其他变量都含截距项而不含趋势项。为了节省篇幅，这些检验过程我们省略了，只给出最终检验结果。检验结果显示，在 5% 的显著性水平下 cpi、m_0、gap 以及 fp 都是平稳的。这样可以对这些变量进行 Granger 因果关系检验和方差分解。

表 2-10　cpi 分别与 m_0、gap 以及 fp 的 Granger 因果关系检验结果

序列	零假设	F-统计量	伴随概率
cpi、m_0、gap、fp	$m0$ 不是引导 cpi 的 Granger 原因	6.22	0.0004
	cpi 不是引导 $m0$ 的 Granger 原因	1.34	0.2697
	gap 不是引导 cpi 的 Granger 原因	6.88	0.0002
	cpi 不是引导 gap 的 Granger 原因	1.39	0.2519
	fp 不是引导 cpi 的 Granger 原因	2.38	0.0646
	cpi 不是引导 fp 的 Granger 原因	2.28	0.0746

表2-10给出了cpi分别与m_0、gap以及fp的Granger因果关系检验结果，因为这些数据都是季度数据，所以滞后期我们取的是4。通过表2-10可以看出在10%的显著性水平下，m_0、gap和fp都是引导cpi的Granger原因，这进一步说明m_0、gap和fp对cpi具有引导作用，可以作为cpi的先行指标。这与前面实证研究得到的结论"货币供给m_0、产出缺口gap以及国际农产品价格指数fp能给通货膨胀提供额外的信息"是一致的。

下面再利用方差分解法来研究 cpi 与 m_0、gap 和 fp 之间的关系。基于VaR 模型研究变量间的方差分解时，变量间的顺序非常重要。类似于中国经济增长与宏观稳定课题组（2008）中介绍的在利用脉冲响应函数实证研究时排列变量顺序的方法，本节采取的顺序是产出缺口 gap、国际农产品价格指数 fp、通货膨胀测度因子 cpi、货币供给 m_0。

从图 2-8 可以看出，通货膨胀测度因子 cpi 预测方差变化的 11% 左右是由产出缺口 gap 的扰动引起的，26% 左右是由国际农产品价格指数 fp 的扰动引起的，57% 左右是由通货膨胀测度因子 cpi 自身的扰动引起的，6% 左右是由货币供给 m_0 的扰动引起的。这与前面实证研究得到的结论"在综合模型中，在其他经济变量存在的前提下，无论是根据系数显著性还是系数绝对值大小，通货膨胀滞后因子对当期通货膨胀的影响最大"是一致的。

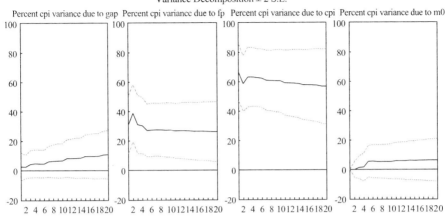

图 2-8 *gap*、*fp*、*cpi*、*m*₀ 之间的方差分解

三、结论

本节主要基于 ARDL 方法研究了我国通货膨胀率影响因素。通过实证研究发现:

第一,在综合模型中,在其他经济变量存在的前提下,无论是根据系数显著性还是系数绝对值大小,通货膨胀滞后因子对当期通货膨胀的影响最大。说明我国通货膨胀最主要决定因素还是通货膨胀预期或者惯性。这要求我国要管理好通货膨胀预期,增强我国货币政策透明性,这样既有利于货币政策的及时、有效传导(徐亚平,2006),又可以通过提供中央银行的隐性承诺机制,使政策变得更为可信并且市民可以形成更接近政策目标的预期(ADEBIYI,2007),以减少我国的通货膨胀惯性,避免通货膨胀的自我实现。

第二,基于 ARDL 方法,货币供给 m_2、m_1、m_0 都与通货膨胀有显著的长期关系,但基于样本外预测能力,m_2 和 m_1 对通货膨胀率的影响都可以通过通货膨胀率自身的历史信息来反映,只有 m_0 含有通货膨胀自身所没有含有的信息,能给通货膨胀提供额外的信息。这间接说明在我国货币供给的三个层次中,m_0 与通货膨胀的关系最密切。同时通货膨胀率与货币供给 m_0 之间的关系主要体现在当期,这是因为 m_0 是流通中的现金,是直接的购买力，反映的是当期的购买力。这间接说明可以通过控制货币供应量来抑制通货膨胀，但是货币政策是一把"双刃剑"：物价稳定需要货币供应量收缩，而投资需要货币供应量扩张（Taguchi, 1995; Ramakrishnan 和 Vamvakidis, 2002）。在我国可以通过控制流通中的现金（M_0）来实现物价稳定，并扩大货币和准货币（M_2）来增加投资以实现这两个目标的平衡。

第三，基于 ARDL 方法，产出缺口与通货膨胀有长期关系，含有通货膨胀自身所没含有的信息，能给通货膨胀预测提供额外的信息。在综合模型中，通货膨胀率与 3 个时期的产出缺口都有显著的关系，无论是根据系数显著性还是系数绝对值大小，滞后 1 期的产出缺口对通货膨胀率影响最大，并有同向关系。这说明在我国存在菲利普斯曲线，间接表明我国要合理安排生产，避免经济过热或过冷，使实际经济增长接近潜在国民经济增长。

第四，基于 ARDL 方法，国际农产品价格指数不仅与我国通货膨胀之间有长期关系，而且含有通货膨胀自身所没含有的信息，能给通货膨胀预测提供额外的信息。但是基于 ARDL 方法，国际石油价格指数与我国通货膨胀之间没有长期关系。这可能由于在我国通货膨胀测度因子的构成中，食品类占有比较大的比重，同时国际农产品价格与国内相关产品价格的联系日益密切，是一方面通过期货市场，另一方面通过外贸交易，国际农产品价格对我国的影响日益增大，这也间接说明我国要密切关注国际农产品价格走势，避免国际农产品价格的大幅波动给我国造成太大的影响。从统计意义上看，国际石油价格与我国通货膨胀测度因子之间没有长期关系。这可能因为在利用 ARDL 方法进行检验的实证研究中，我们采用的数据的时间跨度是 1995 年第一季度到 2008 年第三季度，而在此期间我国一直实行石油价格管制，同时在我国通货膨胀测度因子的构成中，工业品所占的比例也不大。随着我国石油等能源价格的放开以及生物质能源的发展，国际石油价格与我国通货膨胀的关系也将日益密切，也需要密切关注国际石油价格指数的变化以及对国内物价指数等的影响，并提前作出预测和应对措施，以避免国际石油价格的大幅波动对我国经济造成大的影响。

第三节 可能影响中国通货膨胀
水平预测的国际因素

随着世界经济一体化、中国对开放的不断深化，中国与国际经济尤其是与美国的联系越来越密切。根据商务部的数据，2011 年中国和美国的贸易交易额已经达到 4467 亿美元，而根据相关部门预测，2012 年有望达到 5000 亿美元。在此背景下，中国通货膨胀水平也日益受到国际因素的影响，而现有中国通货膨胀影响因素和走势的相关研究还主要侧重于产出缺口和货币供给方面的研究，在相关研究中还侧重于样本内的拟合效果，在预测检验时往往考察的是一次预测检验效果，这样稳健性不强，本节拟重点研究可能影响中国通货膨胀水平走势的国际因素，分别采用非结构化模型的 VaR 和 BVaR 方法、考虑模型结构以及系数显著性等问题的具体化模型，基于样本外的滚动预测研究国际因素在中国通货膨胀水平预测中的作用，遴选出能够给中国通货膨胀水平预测提供额外信息的国际因素指标。

一、国际因素的指标选取

国际因素是影响通货膨胀水平的一个重要因素，对于国际因素，本节拟从国际农产品价格、国际石油价格、美国联邦基金有效利率、美国国内生产总值、美国货币供应量角度选取相应指标。对于国际农产品价格和国际石油价格，本节拟采用国际农产品价格指数和国际石油价格指数来测度，与中国经济增长与宏观稳定课题组（2008）一样，对国际农产品价格指数和国际石油价格指数按照美国有效汇率进行调整，得到真实的国际农产品价格指数和国际石油价格指数，这主要有两个好处：其一是可以消除美元汇率变化的影响，其二是可以消除美国通货膨胀与美国主要贸易国通货膨胀相对变化的影响（经济增长与宏观稳定课题组，2008）。美国有效汇率有广义和狭义两种，这样根据是否利用美国有效汇率指数进行调整，以及采用何种有效指数，可以将国际农产品价格分成三个指标：名义国际农产品价格指数（fpn）、经过广义美国有效汇率指数调整的实际国际农产品价格指数（fpsg）和经过狭义美国有效汇率指数调整的实际国际农产品价格（fpsx）。类似地，也可以将国际石油价格指数分成三个指标：名义国际石油价格指数（opn）、经过广义美国有效汇率指数调整的实际国际石油价格指数（opsg）和经过狭义美国有效汇率指数调整的实际国际石油价格指数（opsx）。对于美国联邦基金有效利率用 mgr 表示，对于美国国内生产总值用 mggdp 表示，对于美国货币供应量分别用 mgm_1 和 mgm_2 表示，其中 mgm_1 表示的货币供应量包括货币、旅行支票、活期存款和其他支票存款，而 mgm_2 表示的货币供应量是在 mgm_1 的基础上再加上零售货币市场互助基金、储蓄和小额定期存款。为避免季节性因素的影响，也为了与公众关注一致，本节采用的是同比增长率，但是对于美国联邦基金有效利率采取的是广义差分，即 2018 年的利率与上年同期的利率之差。这样对于国际因素，本节拟选取 10 种指标：fpn、fpsg、fpsx、opn、opsg、opsx、mgr、mggdp、mgm_1 和 mgm_2。通过单位根检验，所有变量都是平稳的。

二、基于 VaR 和 BVaR 的滚动预测结果

（一）方法介绍

本节首先使用非结构化模型的 VaR 和 BVaR 方法，关于 VaR 模型，一个重要方面是滞后项的确定，本节选取最大滞后项是 4，然后利用似然比检验方法来确定合适的滞后项。一般地，可以将较长滞后项模型看成是无限制

模型，而将较短滞后项模型看成是限制模型，并建立一个似然比统计量来检验施加限制的意义。如果限制导致了模型拟合度在统计意义上的显著退化，则认为较长滞后长度的模型是比较合适的。反之，若限制并没有导致模型拟合度在统计意义上的显著退化，则认为较短滞后长度的模型是比较合适的（LeSage, 1999；Sims, 1980）。预测的评价标准是均方根误差 RMSE。

下面利用样本外滚动预测检验的方法来遴选出有用的指标。样本数据的整个时间跨度是 1997 年第一季度到 2011 年第四季度。每次估计时，将整个样本区间分成两个部分，一部分用于估计得到相关模型的参数，另一部分用于动态预测检验，以验证估计方法的有效性。关于预测长度，我们预测一年，因为是季度数据，所以我们每次预测 4 期。为了充分利用已有的样本数据并增强预测效果的稳健性和说服力，对于预测验证，我们采用滚动样本的方法，即首先采用 1997 年第一季度到 2006 年第四季度的数据估计得到模型，然后利用该模型预测 2007 年第一季度到 2007 年第四季度的数据。接着采用 1997 年第一季度到 2007 年第一季度的数据估计得到模型，然后利用该模型预测 2007 年第二季度到 2008 年第一季度的数据。依次类推，最后采用 1997 年第一季度到 2010 年第四季度的数据估计得到模型，然后利用该模型预测 2011 年第一季度到 2011 年第四季度的数据。对于每个指标，一共进行 68 次预测检验。

（二）预测结果比较

根据前面介绍的方法和预测检验标准，基于滚动预测，分别计算出 1 步预测、2 步预测、3 步预测、4 步预测的均方根误差 RMSE，然后再计算出总平均，计算结果见表 2-11。

表 2-11　不同模型和方法的通货膨胀水平预测效果

	1 步预测平均	2 步预测平均	3 步预测平均	4 步预测平均	总平均
自身 -VaR	0.0117	0.0231	0.0356	0.0432	0.0284

	1 步预测平均	2 步预测平均	3 步预测平均	4 步预测平均	总平均
自身 -BVaR	0.0148	0.0282	0.0403	0.0478	0.0328
fpn-VaR	0.0136	0.0281	0.0417	0.0501	0.0334
fpn-BVaR	0.0156	0.0298	0.0422	0.0502	0.0345
fpsg-VaR	0.0147	0.0305	0.0447	0.0538	0.0359
fpsg-BVaR	0.0156	0.0300	0.0428	0.0513	0.0349
Fpsx-VaR	0.0146	0.0302	0.0441	0.0529	0.0354
fpsx-BVaR	0.0156	0.0300	0.0427	0.0511	0.0348
opn-VaR	0.0108	0.0208	0.0323	0.0394	0.0258
opn-BVaR	0.0149	0.0286	0.0408	0.0485	0.0332
opsg-VaR	0.0110	0.0215	0.0330	0.0400	0.0264
opsg-BVaR	0.0149	0.0287	0.0410	0.0488	0.0334
opsx-VaR	0.0110	0.0215	0.0331	0.0402	0.0265
opsx-BVaR	0.0149	0.0287	0.0410	0.0488	0.0334
mgr-VaR	0.0118	0.0236	0.0352	0.0423	0.0282
mgr-BVaR	0.0151	0.0288	0.0406	0.048	0.0331
mggdp-VaR	0.0116	0.0246	0.0371	0.0445	0.0295
mggdp-BVaR	0.0157	0.0304	0.0434	0.0518	0.0353
mgm_1-VaR	0.0122	0.0252	0.0373	0.0438	0.0296
mgm_1-BVaR	0.0157	0.0300	0.0423	0.0500	0.0345
mgm_2-VaR	0.0123	0.0251	0.0376	0.0455	0.0301
mgm_2-BVaR	0.0153	0.0290	0.0409	0.0485	0.0334

注：1. 数据来源是中经网统计数据库、Wind 数据库和中国人民银行。

2. 预测标准是均方根误差。

根据表 2-11，我们可以得到以下结论：

第一，VaR方法优于BVaR方法。除了fpsg和fpsx之外，对于其他指标，

VaR方法的预测精度都优于BVaR方法预测精度。第二，国际农产品价格不能够给中国的通货膨胀水平预测提供额外的信息。通过不同计算方法得到的国际农产品价格的三种指标，都不能够给中国的通货膨胀预测提供额外的信息。第三，国际石油价格与通货膨胀水平有密切的联系，能够给中国的通货膨胀水平预测提供额外的信息。根据预测效果较好的VaR方法，通过不同计算方法得到的国际石油价格的三种指标，即国际石油价格指数，无论是否通过美国有效汇率进行调整，也无论是采用广义还是狭义有效汇率进行调整，都能够给中国的通货膨胀预测提供额外的信息。这说明国际石油能源价格对中国通货膨胀水平有重要的影响作用，中国政府要密切关注国际能源价格走势，避免国际石油价格的大幅波动给国内造成过大的冲击。这里得到的结论与何启志（2011）的不同，可能由于以下三个原因：时间跨度不同；一是一个是同比，另一个是环比；二是模型方法、检验方法不一样；三是中国能源价格放开以及生物质能源的发展。第四，美国联邦基金有效利率mgr与通货膨胀水平有密切的联系，能够给中国的通货膨胀水平预测提供额外的信息。根据预测效果较好的VaR方法，预测中国通货膨胀水平时，纳入美国联邦基金有效利率能够提高预测效果。第五，美国国内生产总值mggdp、美国货币供应量mgm_1和mgm_2都不能够给中国的通货膨胀水平预测提供额外的信息。无论是基于VaR方法还是基于BVaR，纳入美国国内生产总值mggdp，美国货币供应量mgm_1和mgm_2都不能给中国的通货膨胀水平预测提供除其自身所能提供的以外的信息。

总之，样本外滚动预测检验表明：十个指标中有 opn、opsg、opsx 和 mgr 四个指标通过了预测检验，表明这四个指标包含了通货膨胀水平自身所没有的信息，能给中国的通货膨胀水平预测提供除通货膨胀自身所能提供的以外的信息。而另外 fpn、fpsg、fpsx、mggdp、mgm1 和 mgm2 六个指标都没有通过预测检验，预测中国通货膨胀水平时，考虑这些指标不能提高中国的通货膨胀水平预测精度，也就是说，这些指标不能给中国的通货膨胀水平预测提供除其自身所能提供的以外的信息。在所有的 22 种模型中，效果最好的是 opn-VaR 模型，这说明国际因素中起最重要作用的指标是名义国际石油价格指数 opn。

三、基于具体化模型的预测研究

（一）方法介绍

前面采用 VaR 和 BVaR 方法，没有考虑模型结构以及系数显著性等问题。本部分将利用具体化模型来进一步研究国际因素对中国通货膨胀水平的影响，并遴选出"十二五"前期能给中国通货膨胀水平预测提供额外信息的国际因素指标。首先构建中国通货膨胀水平预测基本模型。基本模型左侧是需要估计的 t 期的通货膨胀率 cpi_t，右侧分别是常数项、滞后 1 期的通货膨胀率 cpi_{t-1}、滞后 4 期的相关宏观经济变量和残差项。

鉴于模型的复杂性，本节在模型构建中遵循以下程序：首先对基本模型直接进行回归；其次进行模型检验，主要包括模型残差是否存在自相关、是否有异方差效应，若有则通过引入 MA 项、考虑 GARCH 效应等方法消除这些因素，得到能够通过残差检验的模型；最后采取"从一般到特殊"的方法，逐步去除系数不显著的项，并重新进行残差检验，最终得到预测模型。

关于数据跨度，为强调对"十二五"前期的预测作用，利用 1997 年第一季度到 2010 年第四季度的数据进行样本回归，然后利用得到的模型对"十二五"前期，即 2011 年第一季度到 2012 年第一季度的通货膨胀水平进行预测，得到均方根误差 RMSE，并和不含其他宏观经济变量的自回归模型进行比较，进一步遴选出能给"十二五"前期中国通货膨胀水平预测提供有用信息的宏观经济变量和模型。

（二）预测结果比较

前面我们基于 VaR 和 BVaR 方法，通过滚动预测表明十个国际因素指标中有 opn、opsg、opsx 和 mgr 四个指标通过了预测检验，表明这四个指标包含了通货膨胀水平自身所没有的信息，能给中国通货膨胀水平预测提供除通货膨胀自身所能提供的以外的信息。下面我们进一步基于具体模型化方法和"十二五"前期预测效果研究能给中国通货膨胀预测提供额外信息的指标。时间跨度是 1997 年第一季度到 2012 年第一季度，其中预测检验仅仅基于"十二五"前期，即利用 1997 年第一季度到 2010 年第四季度的样本数据来估计得到的相应模型，而利用 2011 年第一季度到 2012 年第一季度的数据来检验预测效果。因为是季度数据，所以最大滞后项我们选取 4，然后采用从"一般到特殊"的方法，逐步去除系数不显著的项，最终得到各种指标下的通货膨胀水平预测模型。为减少篇幅，我们以 opn 指标模型为例，介绍一些估计结果，对于其他四个模型我们直接给出结果。按照前面介绍的步骤和方法，最终得到以下的预测模型[①]。

表 2-12　基于 opn 指标的通货膨胀预测模型估计结果

参数名	估计值	标准差	t 统计量和 p 值
常数项	0.0062	0.0028	2.1934（0.034）
cpi（-1）系数	0.8433	0.0895	9.4203（0）
opn（-2）系数	-0.0099	0.0041	-2.4237（0.019）
opn（-3）系数	0.0096	0.0038	2.5222（0.015）
opn（-4）系数	-0.0133	0.0042	-3.1827（0.003）
MA（1）系数	0.2576	0.0329	7.8269（0）
MA（2）系数	0.9555	0.0169	56.638（0）
计量检验			
调整 R^2	0.8994	AIC	-6.742
SC	-6.479	MA 模型	1.0218
自相关检验的 F 统计量	1.8781（0.165）	异方差检验的 F 统计量	1.2721（0.265）

---

① 根据直接得到的基本模型，残差没有通过自相关检验，为了消除残差的自相关性，我们在基本模型的基础上增加了 MA 项。

模型残差是平稳的，MA 的根在单位圆外，表明 MA 模型是可逆的，模型残差也通过了自相关和异方差检验，说明模型是有效的，没有自相关，异方差等问题。可以根据这个模型来预测中国通货膨胀水平，并且可以进一步计算出预测的均方根误差 RMSE 是 0.0070。

类似地，可以计算出基于 opsg 指标的通货膨胀预测模型的均方根误差 RMSE 是 0.0071、基于 opsx 指标的通货膨胀预测模型的均方根误差 RMSE 是 0.0072、基于 mgr 指标的通货膨胀预测模型的均方根误差 RMSE 是 0.0061、基于自回归模型的均方根误差 RMSE 是 0.0075。可见基于具体模型化方法和"十二五"前期的样本外预测检验，按照均方根误差标准，opn、opsg、opsx 和 mgr 四个指标仍然通过了预测检验，表明这些指标包含了通货膨胀水平自身所没有的信息，能给中国通货膨胀水平预测提供除通货膨胀自身所能提供的以外的信息。

四、结论

1. 根据样本外滚动预测结果，对于中国通货膨胀水平预测，VaR 方法优于 BVaR 方法，效果最好的是 opn-VaR 模型。

2. 国际农产品价格、美国国内生产总值 mggdp、美国货币供应量 mgm_1 和 mgm_2 不能够给中国的通货膨胀水平预测提供额外的信息。虽然这些因素不能够给中国通货膨胀水平预测提供额外信息，但是也不能否定它们对中国通货膨胀水平的影响，可能它们之间存在非线性的关系或者已通过通货膨胀水平滞后项间接反映，下一步我们将继续深入研究它们之间的关系。

3. 美国联邦基金有效利率 mgr 与通货膨胀水平有密切的联系，能够给中国的通货膨胀水平预测提供额外的信息。无论是预测效果较好的 VaR 方法，还是考虑模型结构以及系数显著性等问题的具体化模型，考虑美国联邦基金有效利率 mgr 都能提高预测效果。

4. 国际石油价格与通货膨胀水平有密切的联系，能够给中国通货膨胀水平预测提供额外的信息。无论是预测效果较好的 VaR 方法，还是考虑模型结构以及系数显著性等问题的具体化模型，通过不同计算方法得到的国际石油价格的三种指标，都能够给中国通货膨胀水平预测提供额外的信息。这说明国际石油价格对中国通货膨胀水平有重要的影响作用，中国政府要密切关注国际能源价格走势，避免国际石油价格的大幅波动给国内造成过大的冲击。

第三章

国际农产品价格波动风险度量研究

本章的结构安排如下：第一节介绍了金融工程领域经常用来综合测度市场风险的 VaR 模型、ES 模型以及对风险测度模型进行检验的后验检验方法；第二节基于前面介绍的模型和方法并结合 GED 分布以及 GARCH 类模型族知识，对国际农产品价格指数的波动性风险进行了实证研究和系统性分析；第三节是最终的结论。

第一节 风险测度模型介绍

现代金融理论和实际应用中用来测度各种风险的模型主要有 VaR 模型和 ES 模型。VaR 模型的主要优点之一是通过数理方法和金融计量技术将很多不可观测的主观因素转化为客观概率数值，从而显性化"隐性风险"（林辉等，2003；龚朴等，2005）。同时 VaR 模型也具有一些缺点，比如不具备一致性。ES 成为 VaR 最流行的替代品（Harmantzis 等，2006）。

一、VaR 模型

本节基于参数化方法来实证研究国际农产品价格指数的时变风险值。在本节我们用 X 代表收益的随机变量，$-X$ 代表收益的相反数，F 代表 $-X$ 的分布，那么置信水平 α 下的 VaR 值可以表示为 F 分布的 α 分位点，即（Tasche，2002；MARINELLI，2007）。

$$\mathrm{VaR}_{\alpha}(X)=\inf\left\{x\in R:F(x)\geq\alpha\right\}$$ （3-1）

GED 分布的概率密度函数为

$$f(\xi_t) = \frac{v \exp\left(-\frac{1}{2}\left|\xi_t / \lambda\right|^v\right)}{\lambda 2^{1+(1/v)}\Gamma(1/v)} \qquad (3\text{-}2)$$

其中，Γ 是伽玛函数并且 $\lambda = [2^{-(2v^{-1})}\Gamma(v^{-1})/(3v^{-1})]^{1/2}$。当 $v = 2$ 时，产生一个正态分布，当 $v > (<) 2$ 时，产生的分布的尾部比正态分布的尾部要薄（厚）（Morgan，1996）。可以看出 GED 分布比常用的正态分布要复杂，但是其具有的灵活性更有利于测度金融市场中的风险，尤其是对表现出"尖峰厚尾"特性的金融时间序列，GED 分布具有更好的风险测度能力。

二、ES 模型

令随机变量 X 代表收益，则 $-X$ 代表损失，其连续分布函数为 F_{-X} 且满足 $\int_R |x| dF_{-X}(x) < \infty$，$\mathrm{VaR}_\alpha(X)$ 代表随机变量 X 在置信水平 $\alpha \in (0,1)$ 下的 VaR 值，则可以按照下式给出随机变量 X 在置信水平 $\alpha \in (0,1)$ 下的 ES 值的定义（Frey 等，2002；李付军，2006；胡小平，2006）。

$$\mathrm{ES}_\alpha(X) = E[-X\,|{-}X \geq \mathrm{VaR}_\alpha(X)] = \frac{E[-X; -X \geq \mathrm{VaR}_\alpha(X)]}{P[-X \geq \mathrm{VaR}_\alpha(X)]} \qquad (3\text{-}3)$$

当随机变量 $X \sim N(0, \sigma_t^2)$、$X \sim GED(0, \sigma_t^2, \upsilon)$ 时，根据 GED 分布的密度函数以及随机变量函数的分布公式，可以分别得到 X 服从正态分布和 GED 分布下的 ES（ ）计算公式（Morgan, 1996；李付军，2006）。

三、后验检验

无论是理论研究还是实际应用过程中，VaR 的计量模型都不是唯一的，很多经济学家和金融风险工程师也发现这些不同的计量模型得到的 VaR 值并不完全相同，这样就需要一个检验 VaR 计量模型有效性的方法。在具体实证研究中，利用一个模型计量出相关金融变量的风险值 VaR 后，为判断该 VaR 计量模型的有效性，要对该模型的预测结果进行检验（陈学华和杨辉耀，2003）。Kupiec（1995）给出了失败率检验法。

第二节 实证研究

一、样本数据的选取及分析

本节实证研究的对象是国际农产品价格指数,该食品指数主要包括粮食、植物油、蛋白质膳食、肉类、海产品、糖、香蕉和橘子等主要农产品的价格。该食品指数的基数是 2005 年的平均价格,然后用其他年度月份的价格与该基数折算出相应的指数。[①] 时间跨度是 1980 年 1 月到 2010 年 1 月,一共 30 年零一个月,合计有 361 个观测值。实证研究时先对时间序列数据取对数然后再做差分。[②]

下面首先实证检验国际农产品价格指数对数收益率时间序列的相关统计特性:正态性、自相关性、条件异方差性。表 3-1 给出了国际农产品价格指数对数收益率序列的相关统计特性的实证检验结果。

表 3-1 国际农产品价格指数收益率序列的相关统计特征

偏度	峰度	JB	Q（20）	Q^2（20）
-0.600	6.939	254.32[0]	68.3[0]	44.7[0.001]

注:偏度反映的是序列分布的对称性;峰度反映的是序列分布的巅峰性或平坦性;JB 是检验序列是否服从正态分布的检验统计量;Q（20）和 Q^2（20）分别是用来检验序列和序列平方是否存在自相关性的检验统计量;方括号内的数值为检验的 p 值,即拒绝原假设的最小显著水平（eviews help 文件）。

---

① 数据来源:国际货币基金组织（IMF）网站。
② 数据来源:国际货币基金组织,数据处理使用 EViews6.0 和 Matlab。

通过表 3-1 可知，国际农产品价格指数对数收益序列分布的偏度系数是 -0.600 小于零，分布左尾长，为左偏分布；峰度系数是 6.939 大于正态分布的峰度值 3，相对于正态分布，它们的分布密度曲线在其峰值附近比正态分布来得陡峭，其分布是尖峰的；J-B 正态性检验得到的 Jarque-Bera 统计量为 254.32，大于在 0.05 置信水平下 JB 的临界值 $x^2(2)=5.991$，表明在 5% 的显著性水平下，国际农产品价格指数对数收益率序列显著不同于正态分布。为了更好地拟合实际国际农产品价格指数对数收益率序列，在下面的回归中，我们将采用 GED 分布，该分布是一种形式非常灵活的分布，因为它可以呈现出不同的形状，包括正态分布的形式。从 Q（20）和 Q^2（20）来看，在 5% 的显著性水平下，都拒绝了国际农产品价格指数对数收益率序列及其平方不存在自相关的原假设，表明或间接表明国际农产品价格指数对数收益率序列具有自相关性和异方差性。下面我们将采用 GARCH、TGARCH、EGARCH 和 APARCH 等 GARCH 类模型族来实证研究国际农产品价格指数对数收益率的均值和波动性模型。虽然 VaR 和 ES 方法主要应用于测度金融市场的风险，但是若将国际农产品价格指数类似于股票价格指数，利用对数差分计算出对数收益率之后，就可以利用 VaR 和 ES 来测度国际农产品价格指数的波动性风险。

二、VaR 计算和后验测试

下面我们基于 GARCH 模型族和 GED 分布的 GARCH（1,1）-GED、TGARCH（1,1）-GED、EGARCH（1,1）-GED 和 PARCH（1,1）-GED 不同组合来分别计算各模型下的 VaR 值。为了节约文章篇幅，我们以 EGARCH（1,1）-GED 模型为例来说明如何获得国际农产品价格波动的 VaR。要计算出国际农产品价格波动的 VaR，关键是要计算出：t-1 时期预测的下一期的国际农产品价格指数对数收益率的时变波动性 σ_t；相应的 GED 分布分位数 z_α。根据 1980 年 1 月到 2010 年 1 月的国际农产品价格指数的时间序列数据，我们可以得到以下的国际农产品价格指数对数收益率的均值和波动性方程。

$$r = 0.000501 + \varepsilon_t \qquad (3\text{-}4)$$

$$\varepsilon_t / I_{t-1} \sim GED(0, \sigma_t^2, v) \qquad (3\text{-}5)$$

$$\text{Log}(\sigma_t^2) = -0.1507 + 0.0257 |\varepsilon_{t-1}/\sigma_{t-1}| + 0.0700 (\varepsilon_{t-1}/\sigma_{t-1}) + 0.9821\text{Log}(\sigma_{t-1}^2) \qquad (3\text{-}6)$$

其中，GED 分布的参数 v 等于 1.551，Log likelihood 的值等于 803.9，AIC 和 SBC 的值分别等于 -4.43 和 -4.37。在得到国际农产品价格指数对数收益率的均值和波动性方程后，可以根据下面的步骤计算出相应的时变 VaR。首先，计算出 v=1.551、α=0.05 对应的 GED 分布的分位数 z_α=2.1586；其次，根据回归得到的参数估计值，通过式（3-6）计算条件方差，从而得到时变的标准差；最后，根据 VaR 定义和计算公式计算出 VaR，其中本金的初始值标准化为 1 元。因为国际农产品价格指数是月度数据，所以以一个月为单位，计算了国际农产品价格指数每月的 VaR。

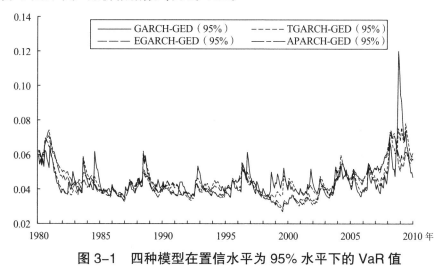

图 3-1 四种模型在置信水平为 95% 水平下的 VaR 值

根据图 3-1，我们知道在 95% 的置信水平下，GARCH-GED、TGARCH-GED、EGARCH-GED 和 APARCH-GED 四种模型的风险值 VaR 不仅相差无几，图形的走势也比较一致。这间接验证了基于 GED 分布的 VaR 模型能有效和稳定地度量国际农产品价格指数波动的风险。与此同时，国际农产品价格指数的波动性风险也经历了"过山车式"的变动。从 1980 年到 2000 年左右，国际农产品价格指数的波动性风险的总趋势是缓慢下降的，在 2000 年左右达到最小值。从 2000 年左右以后，国际农产品价格指数的波动性风险的总趋势变成急速上升，风险明显加大，短短几年其风险就回到 1980 年左右的风险水平，在 2008 年左右达到最大值。

为了节省篇幅，本节没有给出每种模型下每个月的 VaR 值，仅仅给出每种模型的 VaR 均值和标准差，见表 3-2。根据表 3-2 可知，GARCH-GED、TGARCH-GED、EGARCH-GED 和 APARCH-GED 四种模型的 VaR 的均值相差不大，这也间接验证了基于 GED 分布的 VaR 模型能有效和稳定地度量国际农产品价格指数波动的风险。

表 3-2　四种模型计算得到的 VaR 统计结果（置信水平为 95%）

	GARCH-GED	TGARCH-GED	EGARCH-GED	APARCH-GED
VaR 均值	0.044185	0.044022	0.044294	0.043969
VaR 标准差	0.009846	0.009252	0.008787	0.009460

下面我们在上述估计结果的基础上计算 LR 值并进行检验，结果见表 3-3。

表 3-3　四种模型后验测试结果

模型	期望失败天数	实际失败天数	实际失败率	LR 统计
GARCH-GED	18	15	0.0416	0.5742
TGARCH-GED	18	17	0.0471	0.0655
EGARCH-GED	18	18	0.0499	0
APARCH-GED	18	19	0.0526	0.0518

注：置信水平为 95%，期望失败天数是样本观测值 361 乘以 5%；实际失败率为实际失败天数除以样本观测值；LR 统计量是根据 Kupiec 后验检验公式计算的。

根据表 3-3，基于 LR 统计量标准，GARCH-GED、TGARCH-GED、EGARCH-GED 和 APARCH-GED 四种模型都通过了 Kupiec 后验检验。根据表 3-3 还可以看出，GARCH-GED、TGARCH-GED、EGARCH-GED 和

APARCH-GED 四种模型的期望失败率与实际失败率也相差不大。其中，效果最好的是 EGARCH-GED 模型，该模型的期望失败天数和实际失败天数完全一致，它的 LR 统计量也最小。

三、风险值 ES 的估计

投资者在实际应用过程中，若仅仅单纯使用和过分依赖 VaR 方法，会使投资者忽视一些以小概率发生的金融市场非正常波动的损失。一旦这些小概率的极端事件发生，实际发生的损失就会比预先估计的最大潜在损失（VaR）大得多，这样 VaR 模型就会失效。在金融市场上，虽然这些极端事件发生的概率很小，但是对于那些仅仅以 VaR 值作为参考的金融市场参与者来说，这也是一个需要认真考虑的问题（林辉等，2003；李付军，2006）。

根据通过Kupiec检验的GARCH（1,1）-GED、TGARCH（1,1）-GED、EGARCH（1,1）-GED、APARCH（1,1）-GED模型，分别估计出国际农产品价格指数的ES值。为了节省篇幅，具体的每月国际农产品价格指数的ES值我们省略了，只给出VaR估计失败时期（即实际损失大于计算的VaR值的交易时期）的ES值，并与VaR值、RL值（实际损失大于计算的VaR值的交易时期的实际损失数值）比较分析。计算和比较结果见表3-4。表3-4给出了GARCH（1,1）-GED、TGARCH（1,1）-GED、EGARCH（1,1）-GED、APARCH（1,1）-GED模型的VaR值、ES值、RL值的相关统计特性（在95%的置信水平下）。

表 3-4　VaR 估计失败时期的 VaR 值、ES 值和 RL 值的
相关统计特性（置信水平为 95%）

	GARCH-GED			TGARCH-GED			EGARCH-GED			APARCH-GED		
	RL	VaR	ES	RL	VaR	ES	RL	VaR	ES	RL	VaR	ES
均值	0.066	0.046	0.061	0.062	0.044	0.058	0.062	0.046	0.060	0.060	0.044	0.058
标准差	0.032	0.010	0.013	0.032	0.011	0.014	0.031	0.014	0.018	0.031	0.014	0.018

根据表 3-4，通过比较 VaR 估计失败时期（即实际损失大于计算的 VaR 值的交易时期）的 VaR 平均值、ES 平均值以及实际损失平均值，我们可以得到：第一，在 VaR 估计失败时，四种模型的实际损失的均值相差不大、VaR 的均值相差不大以及 ES 的均值也相差不大，而且相同指标下（实际损失、VaR 和 ES），这四种模型的标准差也相差不大，这些都间接验证了基于 GED 分布和 GARCH 类模型族的风险测度方法在度量国际农产品价格指数的波动性风险中的有效性和稳定性。第二，在 VaR 估计失败时期（即实际损失大于计算的 VaR 值的交易时期），在 GARCH（1,1）-GED、TGARCH（1,1）-GED、EGARCH（1,1）-GED、APARCH（1,1）-GED 四种模型下，与风险度量的 VaR 方法相比，ES 方法相对比较保守，每种模型下计量的 ES 估计值都比 VaR 估计值要高（李付军，2006）。第三，在 VaR 估计失败时期（即实际损失大于计算的 VaR 值的交易时期），相对于各模型估计的 VaR 平均值，各模型估计的 ES 平均值与实际损失的平均值更为一致。这与前面讲的 VaR 方法不能有效测度超过分位点的尾部风险信息，而 ES 方法能充分测度超过分位点的尾部风险信息是一致的。这间接说明在 VaR 估计失败时期，与 VaR 方法相比较，ES 方法能更准确地测度风险。第四，应该综合利用 VaR 方法和 ES 方法度量国际农产品价格指数的波动性风险。基于 GED 分布和 GARCH 类模型族的 VaR 方法虽然可以有效地度量国际农产品价格指数的波动性风险，但单独使用 VaR 方法可能会低估风险，不能充分度量国际农产品价格指数波动的尾部风险。而 ES 方法作为 VaR 方法的补充，可以弥补 VaR 方法不能充分度量尾部风险信息的不足，可以充分测度尾部风险。同时在非 VaR 估计失败时期，ES 方法可能又高估了实际风险。

四、国际农产品系统风险的波动性分析

为系统研究国际农产品价格风险从1980年1月到2010年1月的变动情况，本节以前面效果最好的EGARCH-GED模型为基础，以其平均风险值0.046为阈值，在95%的置信水平下考察VaR超过阈值的月数（刘晓星等，2005）。

图3-2显示了1980年1月到2010年1月期间每年中月度VaR超过阈值的月数。根据图3-2，我们可以发现国际农产品系统风险的演变可以分成三个阶段：第一个阶段，从1980年到1985年；第二个阶段，从1985年到2005年；第三个阶段，从2005年到2010年。其中第二个阶段的风险相对比较低，从2005年以来，国际农产品价格波动风险明显增大。这客观上要求我国相关行业、企业和政府管理部门要更加重视农产品价格问题，积极关注国内外农产品价格波动的相互影响，提前做好相关预测和控制工作。

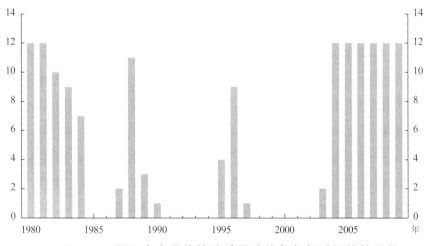

图 3-2　国际农产品价格波动风险值每年超过阈值的月数

（1980 年 1 月到 2010 年 1 月）

第三节　结　论

　　本章首先分析了国际农产品价格指数对数收益率的统计特征，基于GED分布和GARCH类模型，分别利用GARCH（1,1）-GED、TGARCH（1,1）-GED、EGARCH（1,1）-GED和APARCH（1,1）-GED四种模型估计了国际农产品价格指数对数收益率的均值和波动性模型，以此为基础测算了国际农产品价格指数时变风险值VaR及ES并进行了后验检验，最后进行了国际农产品系统性风险的波动性分析。通过实证研究主要得到以下结论：

　　（1）国际农产品市场的价格波动性风险比较大，我国监管者和投资者不仅要做好预测工作，同时还要做好极端事件的应急管理措施，以避免和减少因为国际农产品市场的过度波动而带来太大的不利影响。国际农产品价格指数对数收益率有着明显的"尖峰厚尾"现象，在国际农产品市场中极端事件发生的可能性大于正态分布下的可能性。理由如下：第一，根据正态性检验，国际农产品价格指数对数收益率序列数据的峰度系数是6.939，相对于正态分布，它们的分布密度曲线在其峰值附近比正态分布来得陡峭；J-B正态性检验表明在5%的显著性水平下，国际农产品价格指数对数收益率序列显著不同于正态分布。第二，基于GARCH（1,1）-GED、TGARCH（1,1）-GED、EGARCH（1,1）-GED和APARCH（1,1）-GED四种模型得到的v值都小于2。

　　（2）从2005年以来，国际农产品价格波动性风险有明显增大的趋势。这在客观上要求我国相关行业、企业和政府管理部门要更加重视农产品价格的问题，积极关注国际农产品价格波动情况以及对我国的影响，并提前作出预测，以避免国际农产品价格的大幅波动给我国造成过大的影响。

（3）我国现阶段不仅要关注国际农产品价格走势，还要大力发展农产品价格监测体系，进一步完善农产品期货品种，例如开发国际农产品指数期货，积极利用农产品期货对冲农产品价格风险，同时完善国内外农产品价格传导渠道和机制。另外，在我国通货膨胀测度因子的构成中，食品类所占的比重最大，那么国际农产品的大幅波动对国内农产品的冲击作用、进而对我国通货膨胀的影响以及我们应该采取的相应措施将是下一步要研究的重点。

第四章
国际农产品和石油价格波动性分析

第一节　引　言

粮食等农产品是人类生存之基，立命之本，而石油是国民经济正常运行的"血液"。不断上涨的原油价格和不断变化的生物燃料政策为一些国家扩大生物燃料生产提供了激励，欧盟是世界上最大的生物柴油生产商，并计划到 2020 年生物燃料占运输燃料使用的 10%，2005 年的《美国能源政策法案》规定汽油中的可再生燃料的使用到 2012 年要达到 75 亿加仑（Trostle，2008）。农产品和石油价格的波动不仅是一个经济问题还是一个政治问题。尤其在中国对外开放不断深化，逐步放开石油价格管制，大力发展生物质能源的背景下，研究国际农产品价格与国际石油价格的波动特点、两者之间的互相影响机制以及预测方法具有重要的理论和现实意义。

国内外很多学者研究了国际农产品价格和国际石油价格问题，由于生物质能源的迅速发展，很多学者还将大宗农产品价格与石油价格联系起来（张利庠、张喜才，2011）。

关于国际农产品价格波动特点。Benavides（2004）利用玉米和小麦的期货价格，基于历史波动模型、隐含期权和复合方法实证研究了农产品价格波动预测。傅晓、牛宝俊（2009）基于 1980~2008 年国际农产品价格波动的特点，探讨了国际农产品价格波动的规律与趋势，结果表明：国际农产品价格波动具有特定的规律性，其走势与原油价格走势接近。何启志（2010）基于 GED 分布，在多种 GARCH 类模型族假设下，实证研究了国际农产品价格的波动性风险，研究结果表明：2005 年以来，国际农产品价格波动性风险有明显增大的趋势；中国要密切关注国际农产品价格波动情况，并提前作出预测。林光华，陈铁（2011）基于1990~2008年的数据和ARCH类模型，通过实证研究发现国际大米价格波动存在一阶ARCH效应和"杠杆效应"，国际石油价格的上升对国际大米价格波动有着重要影响。

关于生物质能源的发展对国际农产品价格的影响。Westcott（2007）分析了美国乙醇行业大扩展的背后原因及农业部门将如何调整，指出乙醇对农业的影响大于其在汽油市场的作用。Trostle（2008）详细地论述了生物燃料的发展在促进国际农产品价格上涨中的作用，介绍了一些国家为回应粮食价格上涨而开始采取的保护性政策措施。Tweeten和Thompson（2008）根据联合国的人口预测和粮农组织的产量数据分别预计了全球粮食需求和供应，量化了2025年到2050年的全球粮食供需平衡，研究了全球农产品和食品实际价格的未来走势，并通过分析认为引进生物燃料似乎不会过分扰乱全球粮食供需平衡。胡冰川、徐枫、董晓霞（2009）基于1980年1月至2009年2月的数据，利用虚拟变量法和常系数回归方法实证研究了石油价格在生物质能源发展前后与农产品价格之间的关系，结果表明全球生物质能源发展之后，全球石油价格对农产品价格的弹性大幅提高。周曙东、崔奇峰、吴强（2009）利用GTAP模型研究了美国生物质能源发展对国际市场玉米价格等的影响，研究表明：美国生物乙醇工厂的投入使用将会使国际市场玉米价格出现较大幅度的上涨。钟甫宁（2009）通过分析认为生物能源的发展很难被确认为世界粮食价格上涨的罪魁祸首。

关于价格预测方面。对通货膨胀水平等宏观经济变量的预测比较多，而关于国际农产品价格预测，大多是基于影响因素的分析后给出大体趋势判断，基于计量经济模型给出具体预测数值并进行预测效果分析的相对比较少。

虽然已经有很多学者研究了国际农产品和石油价格的问题，但是相关研究还有一些不足之处，比如：第一，在对国际农产品与国际石油价格的相关研究中，大多是对关于影响因素的研究，而且研究方法主要局限于常数回归分析等方法。第二，在测度由于生物质能源发展而导致国际农产品价格与国际石油价格之间的依存关系发生变化的计量模型研究中，往往基于虚拟变量法，而对于虚拟变量的设置，又直接设置国际农产品价格与国际石油价格之间的关系发生变动的临界点。第三，研究变量之间的关系往往基于样本内拟合效果，或者虽然是基于预测角度，但却是样本内预测或者样本外有条件预测，这样说服力不强，实际应用能力也不强。另外关于生物质能源对国际农产品价格的影响尚未达成一致的结论，有的学者认为生物质能源的发展会促进国际农产品价格的上涨，而有的学者持反对意见。

本章所做的工作主要体现在：第一，不主观判断国际农产品价格与国际石油价格之间的关系发生变动的临界点，而是通过时变系数模型来客观判断和验证国际农产品价格与国际石油价格之间动态依存的关系，反映国际农产品价格受国际石油价格冲击的演变过程和趋势。第二，基于样本外预测的角度研究了国际农产品价格与国际石油价格之间的关系，研究国际石油价格能否给国际农产品价格预测提供除国际农产品价格自身以外的信息。第三，系统研究了 VaR、贝叶斯 VaR、数据类型转换如差分和季节性调整方法在国际农产品价格预测中的效用。

本章其他部分的结构安排如下：第二节是数据选取以及样本变动特征。描述了国际农产品价格和国际石油价格的选取以及从1991年1月到2011年9月的样本动态变动特征。第三节是基于时变系数模型的动态依存关系检验。通过理论分析和状态空间模型建立了以国际农产品价格为因变量，以国际石油价格为自变量的时变系数模型，并进行了实证研究。第四节是国际农产品价格预测研究。基于VaR模型和贝叶斯VaR模型，从预测角度实证检验了国际石油价格对国际农产品价格的影响。第五节总结全章内容并给出政策建议。

第二节　数据选取以及样本变动特征

　　本节的研究对象是国际农产品价格和国际石油价格。对于国际农产品价格用国际货币基金组织网站的食品价格指数来测度，该指数综合反映了植物油、蛋白粉、肉类、海鲜、糖、香蕉和橘子等农产品的价格情况，并以 2005 年的平均价格为基数 100。国际石油价格用国际货币基金组织网站的石油价格指数来测度，该指数综合反映了英国布伦特、迪拜和西得克萨斯的平均油价，也以 2005 年的平均价格为基数 100。图 4-1 反映了国际农产品和国际石油价格从 1991 年 1 月到 2011 年 9 月的动态变化趋势。本节实证研究部分使用的软件是 EViews6.0 和 Matlab。

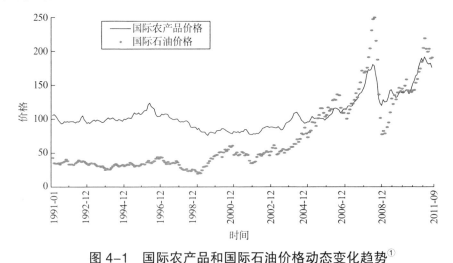

图 4-1　国际农产品和国际石油价格动态变化趋势①

① 数据来源：http://www.imf.org/external/index.htm.

从1991年初到1996年中期，国际农产品价格稳中有升，于1996年5月达到局部最高值后，有较大幅度的持续下降，于1999年中期左右达到局部最低值后，在随后的几年中一直在低位徘徊，2003年中期后开始上升，尤其在2006年初以后急剧上升，于2008年中期达到最高点，其后由于"次贷危机"爆发，急速下跌，于2008年底达到局部最低点，又开始急速上涨，于2011年4月达到历史最高点。总的来看，2005年以前国际农产品价格波动幅度比较小，而2005年以后，国际农产品价格经历了"过山车"式的波动，波动幅度非常大。

从1991年初到1996年底，国际石油价格一直比较稳定，于1996年12月达到局部最高值后，快速下跌，于1998年12月达到局部最小值后，又急剧上升，于2000年底左右达到局部最大值，又急剧下降，于2001年12月达到局部最小值，在随后直到2008年中期左右的几年里，虽然有小幅波动，但是主基调都是上升的，于2008年7月达到历史最高点，在这7年左右的时间里，国际石油价格扩大了7倍左右。其后由于"次贷危机"爆发，急速下跌，于2008年底达到局部最低点，又开始急速上涨，于2011年4月达到历史最高点。与国际农产品价格一样，2005年以前国际石油价格波动幅度比较小，而2005年以后，国际石油价格经历了"过山车"式的波动，波动幅度非常大。从图4-1可以看出国际农产品价格与国际石油价格走势基本一致，但是国际石油价格波动幅度大于国际农产品价格的波动幅度。

第三节　基于时变系数模型的
动态依存关系检验

一、理论分析与模型构建

从前面的样本变动特征可知，国际农产品价格与国际石油价格走势具有一定的联动性。由于生物质能源在整个石油能源体系中的比重还比较低，所以国际农产品价格通过生物质能源渠道对国际石油价格的影响力应该有限，而国际石油价格可以通过多个渠道影响国际农产品价格。第一，成本渠道。石油是基础能源和重要的化工原料，粮食等农产品的生产过程中的大多数投入要素与石油有关，石油价格上升会引起投入要素价格上升，这样农产品的生产成本增加，若增加的成本不能被粮食等农产品生产收益的上升所抵销，会降低农产品产量进而会直接影响农产品价格（林光华、陈铁，2011）。如果石油价格继续上涨，农业生产成本、处理成本、国内和国际市场上产品的运输成本都将上升（Trostle，2008）。石油价格变动反映了国际农产品成本的变化，石油价格上升，会从成本上推动国际农产品价格变动。第二，生物质能源的发展。石油价格走高会促进生物质能源的发展，从而与人争粮，造成农产品价格上升。第三，预期渠道。石油价格大幅上升，会使人们产生农产品价格也将上升的预期，并愿意用较高的价格购买农产品或者推高农产品期货的价格，从而诱使农产品价格走高。第四，经济发展状况渠道。人口增长、经济发展是影响农产品价格的重要因素之一，而人口增长、经济发展又与石油价格有着密切的联系，可以利用石油价格作为人口增长、经济发展的代理指标（胡冰川、徐枫、董晓霞，2009），这样通过迭代之后，石油价格也会对农产品价格产生重要影响。

在构建国际农产品与国际石油价格动态依存关系模型之前，首先对1991年1月到2011年9月的国际农产品价格与国际石油价格序列的平稳性作出检验。

表4-1 数据序列的平稳性检验

	Ln（fp）	D（ln（fp））	Ln（op）	D（ln（op））
ADF 检验值	-1.880（1,1,1）	-10.276（1,0,0）*	-2.814（1,1,1）	-12.494（1,0,0）*
结论	不平稳	平稳	不平稳	平稳

注：fp 表示国际农产品价格，op 表示国际石油价格，Ln 表示对变量取自然对数，D 表示对变量做一阶差分。（1,1,1）中第一个 1 表示含截距项，第二个 1 表示含趋势项，第三个 1 表示滞后阶数，* 表示相应变量在 1%、5% 和 10% 的显著性水平下都是平稳序列。

由于国际农产品价格与国际石油价格取对数后都是不平稳的，而取对数差分后都是平稳的，同时变量取对数再差分后表示的是变量的环比增长率，利用增长率来研究变量之间的关系还可以避免单位不统一、初始数值大小的影响。所以本节以国际农产品价格增长率为被解释变量、国际石油价格增长率为解释变量，国际农产品价格增长率还受很多其他因素的影响，对这些因素我们用国际农产品价格增长率的滞后项和误差项来测度。现有测度变量关系的研究中，通常基于常系数模型，该类模型简单明了，使用方便，但要求变量之间的关系比较稳定，不会随着时间的变化而发生变化。实际上，近年来国际政治、经济格局不断发生变化，国际经济形势波澜起伏，金融危机时有发生，极端天气等自然灾害也时有发生，各国能源政策也在不断调整之中，尤其近年来生物质能源的发展，国际石油价格影响国际农产品价格的机制也在不断发生变化，所以本节采用时变系数模型来测度国际石油价格增长率对国际农产品价格增长率的动态影响。状态空间模型是估计不可观测变量的理想方法（高铁梅，2009），本节将反映国际农产品价格增长率与国际石油价

格动态增长率依存关系的时变模型构建成以下的状态空间模型形式:

$$(d(\ln(fp)))_t = \alpha + \beta_t(d(\ln(fp)))_{t-1} + \chi_t * (d(\ln(op)))_t + u_t$$

$$\begin{pmatrix} \beta_t \\ \chi_t \end{pmatrix} = \psi \begin{pmatrix} \beta_{t-1} \\ \chi_t \end{pmatrix} + \begin{pmatrix} \varepsilon_{1t} \\ \varepsilon_{2t} \end{pmatrix}; \begin{pmatrix} u_t \\ \varepsilon_{1t} \\ \varepsilon_{2t} \end{pmatrix} \sim N \left(\begin{pmatrix} 0 \\ 0 \\ 0 \end{pmatrix}, \begin{pmatrix} \sigma_1^2 & 0 & 0 \\ 0 & \sigma_2^2 & 0 \\ 0 & 0 & \sigma_3^2 \end{pmatrix} \right), t = 1, 2, \cdots, T \quad (4-1)$$

其中, fp 表示国际农产品价格, $d(\ln(fp))$ 表示国际农产品价格增长率, op 表示国际石油价格, $d(\ln(op))$ 表示国际石油价格增长率, α 是固定参数, β_t 和 χ_t 是时变参数, ψ 是系数矩阵, u_t、ε_{1t} 和 ε_{2t} 是残差项,残差项的协方差是 0, 表示残差项互不相关, σ_1^2、σ_2^2 和 σ_3^2 是残差项的方差。

二、实证结果

利用实际数据得到时变参数值 β_t 和 χ_t, 如图 4-2 所示, SV1 表示 β_t, SV2 表示 χ_t。

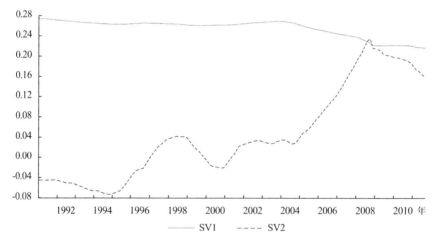

图 4-2　时变参数值的动态变化趋势

根据图 4-2, 第一, 国际农产品价格增长率一阶滞后因子对国际农产品价格增长率的影响系数在 0.21 到 0.28 之间, 即上期国际农产品价格增长率每增加 1 个百分点, 本期国际农产品价格增长率将增加 0.21 个到 0.28 个百分点。国际农产品价格增长率一阶滞后因子对国际农产品价格增长率的影响系数在 1991 年到 2005 年期间基本稳定，几乎没有什么变化，但是从 2005 年后有小幅度下降，这可能由于从 2005 年开始，各国大力发展生物质能源，国际农产品价格日益受到国际石油价格的影响，从而受其自身一阶滞后因子的影响日趋减弱。第二，国际农产品价格增长率具有较强的惯性，更容易受到其自身一阶滞后因子的影响，在整个样本期间，除了"次贷危机"爆发的 2008 年中期左右的个别时点，国际农产品价格增长率一阶滞后因子对国际农产品价格增长率的影响都大于国际石油价格增长率对国际农产品价格增长率的影响。第三，国际石油价格增长率对国际农产品价格增长率的影响系数在 -0.08 到 0.24 之间，即国际石油价格增长率每增加 1 个百分点，国际农产品价格增长率将增加 -0.08 个到 0.24 个百分点。国际石油价格增长率对国际农产品价格增长率的影响日益增强，尤其是 2005 年之后，几乎是直线上升的，这可能是由于从 2005 年开始，各国积极利用农产品发展生物质能源，国际农产品价格与国际石油价格之间的联动性增强，国际农产品价格日益受到国际石油价格的影响。2008 年初美国"次贷危机"爆发，经济减缓，随后对石油的需求大幅减少，抑制了利用农产品制造生物质能源的热情，国际农产品价格与国际石油价格之间的联动性又有所减弱。

总的来说，国际农产品价格增长率与国际石油价格增长率之间的依存关系在 2005 年初左右发生了变化，2005 年以后，国际农产品价格增长率更容易受到国际石油价格增长率的影响和冲击。这也间接证明了胡冰川等（2009）以 2005 年 1 月为分界点通过虚拟变量法检验生物质能源发展对国际农产品价格影响的正确性。这可能由于石油价格上涨刺激了生物质能源的发展，而生物质能源的发展又几乎影响到农业生产部门的每一个方面，包括国内需求、出口价格、农作物种植面积的分配和畜牧部门，作为这些商品市场影响的后果，农民收入、政府支付和食品价格也随之变化（Westcott，2007）。

第四节　国际农产品价格预测研究

　　前面基于时变系数模型的实证研究表明：国际农产品价格增长率与国际石油价格增长率之间的依存关系在 2005 年初左右发生了变化，以 2005 年初为分界点，2005 年以后，由于生物质能源的快速发展，国际农产品价格增长率更容易受到国际石油价格增长率的影响和冲击。下面再从预测角度实证检验国际石油价格对国际农产品价格的影响。

一、方法介绍

　　虽然存在大规模的统计宏观经济模型，并且按照一些标准是成功的，但其往往有难以置信的识别问题，针对传统的基于经济学理论的结构化模型的不足，Sims（1977, 1980）提出了向量自回归（Vector Autoregression，VaR）模型，VaR 模型没有经济学理论的限制，将所有变量都看成是内生变量，而且方程右侧没有变量的同期值，可以利用 VaR 模型进行相关变量的预测。

　　尽管VaR模型有从相关经济变量吸收横截面信息的优点，但是VaR模型在实证中也有很多限制（Doan、Litterman和Sims, 1984；LeSage, 1999）。VaR模型通常含有较多的待估参数，估计VaR模型需要较长时间跨度的样本观察值。例如，含6个变量、最大滞后阶数为10的VaR模型，一共有6个方程，产生61个独立变量，有366个待估系数。此外，自变量中有很多变量的滞后项，比如fp_{1t-1}、$fp_{1t-2}\cdots,fp_{1t-6}$，这往往会产生高度相关并导致参数估计精度的退化。为了克服这些问题，Doan、Litterman和Sims（1984）建议使用贝叶斯向量自回归（Bayesian Vector Autoregression，BVaR）模型。Doan、Litterman和Sims（1984）基于贝叶斯方法发展了一个用来估计向量自回归的预测程序，研究表明虽然跨变量反应受到先验假设的抑制，但是估计也捕获了相当多变量间的相互作用。贝叶斯VaR模型通过先验假设，预先设置相关系数的均值和方差，考虑到不同变量在模型中的作用大小，对因变量滞后项的系数均值设置较大一点，而将其他待估计的系数的均值设置小一点。同时为减少待估参数，对待估参数标准差作出以下假设：

$$\sigma_{ijk} = \theta w(i,j) k^{-\phi} \left(\frac{\hat{\sigma}_{uj}}{\hat{\sigma}_{ui}} \right) \qquad (4\text{-}2)$$

其中，σ 代表预先设定的标准偏差，i 代表第 i 个方程，j 代表第 j 个变量，k 代表滞后期，θ 反映了因变量一阶滞后先验的标准偏离，$w(i,j)$ 是权重矩阵，$k^{-\phi}$ 是一个衰减率为 $0 \leq \phi \leq 1$ 的滞后衰减函数，$\hat{\sigma}_{ui}$ 和 $\hat{\sigma}_{uj}$ 分别是来自涉及变量 i 和 j 的单变量自回归模型的估计标准误差（Doan、Litterman 和 Sims，1984；LeSage, 1999）。

二、实证研究

下面利用 VaR 方法和 BVaR 方法来研究国际农产品价格的预测，对于模型来说，更重要的是其样本外的预测能力，所以本节的预测是样本外的无条件动态预测。目的主要有两个：第一，遴选出合适的国际农产品价格的预测方法；第二，基于预测方法研究验证生物质能源的发展是否使国际农产品价格与国际石油价格之间的动态依存关系发生变化。前面的实证研究表明国际农产品价格和国际石油价格是一阶单位根过程，所以我们对数据先进行差分，然后进行预测，再进行反向的差分调整，得到需要预测的数值，记为 VaR-差分和 BVaR- 差分方法。对不平稳序列进行差分虽然可以将不平稳序列变为平稳序列，但是这样会损失长期信息，所以本节还采用这样的办法，将水平数据先转换为平稳的环比增长率，然后进行预测，再进行反向调整，得到需要预测的数值，记为 VaR- 环比和 BVaR- 环比方法，这种方法在将不平稳数据转换为平稳数据的同时，又更多地保留了长期信息。另外宏观经济数据往往都有季节性效应，我们还采用 VaR- 季节调整和 BVaR- 季节调整方法，即对数据先进行季节性调整，然后进行预测，再进行反向的季节性调整，得到需要预测的数值。这样一共有六种方法：VaR- 差分、VaR- 环比、VaR- 季节调整、BVaR- 差分、BVaR- 环比、BVaR- 季节调整。

为了检验国际石油价格能否给国际农产品价格预测提供额外的信息，下面分单指标模型和双指标模型进行预测研究。所谓单指标模型是指预测模型仅仅包含国际农产品价格，而不包括国际石油价格，双指标模型是指预测模型不仅包含国际农产品价格还包括国际石油价格。另外为了测度 2005 年以来的生物质能源的大发展是否改变了国际农产品价格与国际石油价格之间的动态依存关系，无论是单指标预测还是双指标预测，我们都分三种情况进行了实证研究。第一种情况是基于 1991 年 1 月到 2005 年 12 月的研究，第二种情况是基于 2005 年 1 月到 2011 年 9 月的研究，第三种情况是基于 1991 年 1 月到 2011 年 9 月的研究。为了简便，我们分别将这三种情况称为样本 1、样本 2 和样本 3。这样需要分别在单指标 – 样本 1、双指标 – 样本 1、单指标 – 样本 2、双指标 – 样本 2、单指标 – 样本 3、双指标 – 样本 3 这六种情形下进行预测研究。

在每种情形下，预测长度都是 12 期，即对于 1991 年 1 月到 2005 年 12 月的样本，其中 1991 年 1 月到 2004 年 12 月的样本用来得到相应的 VaR 模型和 BVaR 模型，并预测今后 12 个月的国际农产品价格，2005 年 1 月到 12 月的样本用来验证预测效果。对于 2005 年 1 月到 2011 年 9 月的样本，其中 2005 年 1 月到 2010 年 9 月的样本用来得到相应的 VaR 模型和 BVaR 模型，并预测今后 12 个月的国际农产品价格，2010 年 10 月到 2011 年 9 月的样本用来验证预测效果。对于 1991 年 1 月到 2011 年 9 月的样本，其中 1991 年 1 月到 2010 年 9 月的样本用来得到相应的 VaR 模型和 BVaR 模型，并预测今后 12 个月的国际农产品价格，2010 年 10 月到 2011 年 9 月的样本用来验证预测效果。

表 4-2 各种方法下国际农产品价格预测精度对比（单指标 – 样本 1）

方法 相对误差 时期	VaR- 差分 （%）	VaR- 环比 （%）	VaR- 季节调整 （%）	BVaR- 差分 （%）	BVaR- 环比 （%）	BVaR- 季节调整 （%）
1 月 5 日	-0.9795	-0.8340	-4.5966	-0.4834	-0.4862	-3.3110
2 月 5 日	1.8159	2.0409	-5.6900	2.3313	2.3266	-2.9855
3 月 5 日	5.3268	5.6264	-8.7301	6.2273	6.2147	-4.2938
4 月 5 日	2.9071	3.1164	-13.8838	3.6017	3.5627	-8.7251
5 月 5 日	3.6369	3.7306	-13.4919	3.9656	3.8941	-8.7174
6 月 5 日	3.9857	3.9779	-8.9725	3.9858	3.8816	-4.7703
7 月 5 日	4.5185	4.4436	-4.8745	4.4061	4.2708	-1.3910
8 月 5 日	3.3784	3.2228	-0.9404	3.0991	2.9313	1.7266
9 月 5 日	3.2800	3.1207	1.5045	3.0103	2.8130	3.5987
10 月 5 日	3.4938	3.3461	4.8611	3.2866	3.0614	6.7301
11 月 5 日	0.8845	0.7312	1.8234	0.7296	0.4697	3.6703
12 月 5 日	3.4364	3.2682	3.0353	3.2846	3.0034	4.8469
平均相对误差	3.1370	3.1216	6.0337	3.2009	3.0763	4.5639

注：平均相对误差是 $\sum_{i=1}^{n}\left|\dfrac{实际值-预测值}{实际值}\right|/n$，$n$ 是预测次数。

利用前面介绍的方法（Sims，1977、1980；Doan、Litterman 和 Sims，1984；LeSage，1999（可以得到六种情形下的预测精度情况，表 4-2 是单指标 – 样本 1 情形下的预测结果比较。从表 4-2 可知，各种预测方法的效果都比较好，预测误差基本能控制在 10% 以内，从平均相对误差来看，效果最好的是 BVaR – 环比方法，12 期动态无条件预测的平均相对误差在 3.08% 左右。可以看出，环比方法优于差分方法。对不平稳数据通过环比变换成平稳数据比直接进行差分变换成平稳数据预测效果要好。类似地，我们还可以得到双指标 – 样本 1、单指标 – 样本 2、双指标 – 样本 2、单指标 – 样本 3、

双指标 – 样本 3 情形下的预测结果比较。为节省篇幅，只给出六种情形下的平均相对误差。见表 4-3。

表 4–3　六种情形和六种方法下国际农产品价格预测精度对比

情形\方法	VaR-差分（%）	VaR-环比（%）	VaR-季节（%）	BVaR-差分（%）	BVaR-环比（%）	BVaR-季节（%）	六种情形平均
单指标 - 样本 1	3.1370	3.1216	6.0337	3.2009	3.0763	4.5639	3.8556
双指标 - 样本 1	5.1603	4.2256	6.0221	3.3366	3.1685	4.5592	4.4121
单指标 - 样本 2	10.2809	8.9785	9.7973	5.4584	4.6954	9.2751	8.0809
双指标 - 样本 2	4.9918	4.9325	5.9228	5.1353	4.3507	8.5712	5.6507
单指标 - 样本 3	11.7928	11.3979	11.9139	9.8625	9.5664	11.5344	11.0113
双指标 - 样本 3	9.6717	10.6304	10.2757	9.6706	9.4830	11.4054	10.1895
六种方法平均	7.5058	7.2144	8.3276	6.1107	5.7234	8.3182	7.2000

注：表中的数字表示的是相应情形和方法下的平均相对误差。

根据表 4-3，我们可以得到以下结论：第一，BVaR 模型优于 VaR 模型。从六种方法的平均值来看，BVaR– 差分方法优于 VaR– 差分方法、BVaR– 环比方法优于 VaR– 环比方法、BVaR– 季节方法优于 VaR– 季节方法，而且在单独的六种情形中，大多数情况也是如此。第二，环比方法优于差分方法。对不平稳数据通过环比变换成平稳数据比直接进行差分变换成平稳数据预测效果要好。从六种方法的平均值来看，VaR– 环比优于 VaR– 差分，BVaR– 环比优于 BVaR– 差分，而且在单独的六种情形中，大多数情况也是如此。这些暗含着：从预测角度，将不平稳序列转化为平稳序列时要注意避免长期信息的损失。季节性调整并不能提高预测精度。除了双指标 – 样本 3 外，从其他五种情形和平均值来看，VaR– 季节方法劣于 VaR– 差分和 VaR– 环比，BVaR– 季节方法劣于 BVaR– 差分和 BVaR– 环比，考虑季节性因素，即预测前进行季节性调整，预测后再反向调整，并不能提高预测精度。第三，2005年开始的生物质能源的大发展使国际农产品价格与国际石油价格之间的动态依存关系发生变化，国际农产品价格的变动更多地依赖于国际石油价格的变动。这个结论与前面的基于时变系数模型的动态依存关系检验结果"国际农产品价格增长率与国际石油价格增长率之间的依存关系在 2005 年初左右发生了变化，2005 年以后，国际农产品价格增长率更容易受到国际石油价格增长率的影响和冲击"是一致的。首先，从样本跨度来看，包含更多的样本并不能提高预测精度，同样是预测 2010 年 10 月到 2011 年 9 月的国际农产品价格，样本 2 是基于 2005 年 1 月到 2010 年 9 月的历史数据，而样本 3 是基于 1991 年 1 月到 2010 年 9 月的历史数据。其次，从总体上看，包含更多历史数据的样本 3 并不能提高预测精度，这可能是由于国际农产品价格和国际石油价格数据的动态特征依存关系在 2005 年前后发生了变化。最后，从单指标和双指标的预测效果来看，基于样本 1，相对于单指标模型，双指标模型并不能提高预测精度，即 1991 年 1 月到 2004 年 12 月，国际石油价格并不能给国际农产品价格预测提供除其自身含有的以外的信息；基于样本 2 和样本 3，相对于单指标模型，双指标模型能提高预测精度，即 2005 年 1 月到 2010 年 9 月，国际石油价格能给国际农产品价格预测提供除其自身含有的以外的信息。

第五节 结 论

第一，国际农产品价格增长率具有较强的惯性，更容易受到其自身一阶滞后因子的影响。从 1991 年 1 月到 2011 年 9 月，除了"次贷危机"爆发的 2008 年中期左右的个别时点，国际农产品价格增长率一阶滞后因子对国际农产品价格增长率的影响都大于国际石油价格增长率对国际农产品价格增长率的影响。

第二，国际石油价格增长率对国际农产品价格增长率的影响日益增强，尤其是 2005 年之后，几乎是直线上升。从 1991 年 1 月到 2011 年 9 月，国际石油价格增长率对国际农产品价格增长率的影响系数在 -0.08 到 0.24 之间，即国际石油价格增长率每增加 1 个百分点，国际农产品价格增长率将增加 -0.08 个到 0.24 个百分点。这间接表明国际农产品价格与国际石油价格之间的依存关系在 2005 年初左右发生了变化。胡冰川等（2009）通过普通最小二乘法和虚拟变量法也表明 2005 年作为生物质能源发展的一个分界线，2005 年前后国际石油价格波动对国际农产品价格波动的影响幅度有显著的变化。这可能由于从 2005 年开始，各国积极利用农产品发展生物质能源，国际农产品价格与国际石油价格之间的联动性增强，国际农产品价格日益受到国际石油价格的影响。

第三，综合来说，国际农产品价格最优预测方法是 BVaR– 环比。根据 VaR– 差分、VaR– 环比、VaR– 季节调整、BVaR– 差分、BVaR– 环比、BVaR– 季节调整方法的平均预测精度来看：效果最好的是 BVaR– 环比，其次是 BVaR- 差分；BVaR 模型优于 VaR 模型；对不平稳变量序列进行预测，将不平稳序列转化为平稳序列时要注意避免长期信息的损失。同时今后进行国际农产品价格预测时，要注意 2005 年前后的区别。

第四，2005 年开始的生物质能源的大发展使国际农产品价格与国际石油价格之间的动态依存关系发生了变化。2005 年之前的国际石油价格不能给国际农产品价格预测提供除国际农产品价格自身所包含的以外的信息，而 2005 年之后的国际石油价格能够给国际农产品价格预测提供额外的信息。

第五，高度关注农产品价格上涨和波动，重新审视生物质能源政策，加大农业基础设施投入，扩大农业生产能力。同时将农产品价格上涨和波动与民生工程结合起来。一般地，贫穷人口总收入中用于食品消费的支出比例大于富裕人口总收入中用于食品消费的支出比例（Trostle，2008），不同富裕程度的国家和地区也同样如此（Tweeten 和 Thompson，2008）。这样要关注同等幅度农产品价格波动对贫困人口、富裕人口以及不同富裕程度的国家和地区所造成的不对称影响和冲击。

总之，无论是时变系数模型还是 VaR 预测模型和 BVaR 预测模型都表明，2005 年是一个分界领域，国际农产品价格与国际石油价格的动态依存关系在 2005 年前后发生了变化。而正是从 2005 年开始，世界上各国开始大力发展生物质能源，这说明生物质能源的发展已经对农产品价格的波动造成重要影响，各国政府必须高度关注生物质能源在缓解能源紧张的同时给农产品价格造成的冲击，各国必须重新审视生物质能源政策并采取措施应对这个问题，避免生物质能源的发展对人类粮食问题造成冲击。

第五章
我国黄金期货市场风险测度

第一节 市场风险测度指标：VaR 与 CVaR
——基于 EGARCH–POT 模型

一、EGARCH 模型

金融时间序列波动往往存在丛集性、持久性和非对称性，Nelson（1991）提出的 EGARCH 模型能有效地刻画这种特征，同时 EGARCH 模型本身参数并无条件限制，使其求解和运用更加灵活。具体到本章，使用 EGARCH（1,1）模型，其形式设定如下：

$$r_t = c + \sqrt{h_t}\, z_t \qquad z_t \sim \text{i.i.d.} N(0,1) \tag{5-1}$$

$$\ln(h_t) = \alpha_0 + \alpha_1 |z_{t-1}| + \alpha_2 \ln(h_{t-1}) + \gamma z_{t-1} \tag{5-2}$$

式（5-1）中，r_t 为收益率序列，$\sqrt{h_t}$ 为条件标准差，z_t 为标准化的新息，并假设其服从相互独立的正态分布。这里假设 $z_t \sim \text{i.i.d.} N(0,1)$，即使真实的 z_t 并不服从正态分布，也并不影响极大似然估计可以获得参数的一致估计量（Bollerslev 和 Wooldridg，1992）。同时，我们可以对估计出的 z_t 观察其分布特征。式（5-2）中，γ 为检验波动的非对称效应的系数，若 $\gamma<0$ 即证明波动的杠杆效应，即"坏消息"较之"好消息"对市场波动能产生更大的影响。

二、POT 模型

Gnedenko（1943）提出了极值理论（EVT），能有效地刻画金融时间序列的极端分布特征，在金融风险测度中有着广泛的应用。本章主要运用极值

93

理论中的阈值模型（POT），因其避免了区间极值模型（BMM）由于区间分块带来的极值的变异性而导致模型的有效性降低。POT 模型主要基于广义帕累托分布（GPD），以下做简要介绍。

对于独立同分布的随机变量 $Z_t(t=1,2,3K)$，设其有共同的分布函数为 $F(z)$，选定某个阈值为 u，则定义其超出量 $X_t = Z_t - u$ 的条件概率分布函数为 $F_u(x)$ 如下：

$$F_u(x) = P(X \leqslant x \mid Z > u) \tag{5-3}$$

式（5-3）通过变形可得，

$$F_u(x) = \frac{F(z) - F(u)}{1 - F(u)} \tag{5-4}$$

所以，当 $z > u$ 时，可得 z 的分布函数形式：

$$F(z) = (1 - F(u) \, F_u(x) + F(u) \tag{5-5}$$

Balkema 和 Haan（1974）以及 Pickands III（1975）证明在 MDA 条件下，$F_u(x)$ 弱收敛于 GPD 分布，所以，通常来说对于取值充分大的阈值 u，可以使用 GPD 分布函数近似替代 $F_u(x)$，即：

$$F_u(x) \approx G(x;u,\beta(u),\xi) = \begin{cases} 1 - (1 + \dfrac{\xi x}{\beta(u)})^{-\frac{1}{\xi}}, \xi \neq 0 \\ 1 - \exp(-\dfrac{x}{\beta(u)}), \xi = 0 \end{cases} \tag{5-6}$$

同时，若 n_z 表示样本总数，用 n_u 表示超出 u 的样本数，则：

$$F(u) \approx (n_z - n_u)/n_u \tag{5-7}$$

于是，可以得到估计式：

$$\hat{F}(z) = 1 - \frac{n_u}{n_z}(1 + \hat{\xi}\frac{z-u}{\hat{\beta}(u)})^{-1/\hat{\xi}}, (z > u, \hat{\xi} \neq 0) \tag{5-8}$$

式（5-8）是刻画右尾极值分布函数形式，对于左尾的极值分布，我们只需做 $Z_t' = -Z_t$ 变换即可。

三、VaR 与 CVaR 计算

金融风险管理指标风险值（VaR）最早由 G30（1993）提出，并在商业银行以及其他金融机构风险管理中有着重要的应用。但是，由于 VaR 在刻画风险时存在不满足一致性公理和存在线性度量等问题，Rockafellar 和 Uryasev（2000）利用条件风险值（CVaR）对 VaR 进行了优化。本章计算的 VaR 和 CVaR 是针对于多头每日的收益率而言且为绝对 VaR（并设定为正数），同时考虑到收益率序列波动的丛集性和非对称性等特征，首先利用 EGARCH 模型得到标准化新息序列 $\{\hat{\varepsilon}_t\}$，并尝试用 GPD 分布去拟合 $\{\hat{\varepsilon}_t\}$ 序列，同时也用 $\{\hat{\varepsilon}_t\}$ 假设标准正态分布的计算结果做对比研究。

1. 基于 POT 模型的时变 VaR 计算

给定置信水平 q（99%，95%），则对于 $\{\hat{\varepsilon}_t\}$ 序列的 $1-q$ 对应的分位数即为其 VaR，为了方便计算，将 $\{\hat{\varepsilon}_t\}$ 转变为 $\{-\hat{\varepsilon}_t\}$，记 $\{-\hat{\varepsilon}_t\}$ 序列分布函数形式为 $F(\cdot)$，直接其对右尾进行计算，则：

$$VaR^z = F^{-1}(q) \tag{5-9}$$

代入右尾分布式（5-8），可得：

$$\hat{VaR^z} = u + \frac{\hat{\beta}(u)}{\hat{\xi}}\left[(1-q)\frac{n_z}{n_u}\right)^{-\hat{\xi}} - 1\right] \tag{5-10}$$

同时，r_t 序列的 VaR 时变序列的计算公式如下：

$$VaR_t = c + \sqrt{h_t}VaR^z \tag{5-11}$$

2. 基于 POT 模型的时变 CVaR 计算

根据 CVaR 的定义式：

$$CVaR^z = E(Z \mid Z > VaR^z) \tag{5-12}$$

式 5-12 变形可得：

$$CVaR^z = VaR^z + E(Z - VaR^z \mid Z > VaR^z) \tag{5-13}$$

由于式 5-13 右边第二项，实际上是 $u = VaR^z$ 的平均超出量函数 $F_{VaR^z}(z)$，该函数形式满足形状参数为 ξ，尺度参数为 $\beta(u) + (VaR^z - u)\xi$ 的 GPD 分布，所以：

$$E(Z - VaR^z \mid Z > VaR^z) = \frac{\beta(u) + (VaR^z - u)\xi}{1 - \xi} \tag{5-14}$$

将参数估计值代入式（5-13）可得：

$$CV\hat{a}R^z = \frac{V\hat{a}R^z}{1-\hat{\xi}} + \frac{\hat{\beta}(u) - \hat{\xi}u}{1-\hat{\xi}} \qquad (5\text{-}15)$$

同时，r_t 序列的 CVaR 时变序列的计算公式如下：

$$CVaR_t = c + \sqrt{h_t}\,CVaR^z \qquad (5\text{-}16)$$

第二节　我国黄金期货市场风险测度实证研究

一、我国黄金期货市场收益波动特征

本章选取上海期货交易所黄金期货每日（活跃）收盘价 P_t，时间跨度为 2008 年 1 月 9 日至 2017 年 3 月 31 日，共含 2244 个样本数据[①]。本章主要运用 Excel 2016 进行数据处理，EViews8.0 建立 EGARCH 模型，Matlab 2016a 及 EVIM 程序包进行数值运算、阈值选取及 GPD 参数估计（见表 5-1）。计算每日市场对数收益率：

$$r_t = \ln(P_t) - \ln(P_{t-1}) \qquad (5\text{-}17)$$

表 5-1　变量描述性统计

变量	均值	中位数	最大值	最小值	标准差	偏度	峰度	JB 统计量	概率值
P_t	266.0437	260.4750	395.2500	148.9000	48.85507	0.277968	2.457531	56.41201	0
r_t	9.861×10^{-5}	0.000252	0.056755	-0.078433	0.012210	-0.339386	6.916816	1476.845	0

由于国内黄金期货价格设有涨跌幅限制，在样本所包含的时间段内涨跌停板比例虽有调整，总体来看不超过 8%（涨跌停板实际上是相对于上一

[①] 数据来源：同花顺 iFinD 数据库。

日的结算价而言的，所以这里以收盘价计算略有差异），黄金期货价格每日市场平均收益基本为零，收益率波动的标准差也较小。通过对r_i的正态性检验，可以发现，r_i并不服从正态分布，呈现出"尖峰厚尾"的特征。同时，我们对r_i做平稳性检验，结果表明其为平稳性序列。所以，我们可以基于此序列直接建立回归模型式（5-1）形式。通过ARCH-LM检验发现存在ARCH效应，我们可以建立GARCH族相关模型。考虑到收益率序列波动可能存在非对称性，我们选择EGARCH（1,1）模型，其均值方程为式（5-1），条件方差方程为式（5-2），参数估计结果见表5-2。

表5–2　EGARCH（1,1）模型估计结果

方程	参数	参数估计值	标准差	z 统计量	概率值
（5-1）	c	-3.87×10^{-5}	0.000224	0.172528	0.8630
（5-2）	α_0	-0.336132	0.038411	-8.750855	0.0000
	α_1	0.146468	0.010222	14.32809	0.0000
	α_2	0.974721	0.003772	258.4180	0.0000
	γ	-0.017957	0.006850	-2.621496	0.0088

式（5-2）中所有参数在1%的显著性水平下通过检验，说明EGARCH模型可以较好地刻画黄金期货市场的收益率波动的"丛集性""持久性""杠杆效应"。具体来看，α_1数值较之α_2较小，说明意外消息对收益率波动产生较小的冲击，同时$\alpha_1 > 0$，说明这种冲击是正向的，波动存在丛集性，即较大的波动后仍然跟随着较大的波动，黄金期货市场具有一定的投机性。同时，$\alpha_2 > 0$可以很好地捕捉波动的持久性。此外，$\gamma > 0$说明波动存在非对称效应，这种非对称效应表现为杠杆效应，即负面消息的出现较之于正面消息而言，会带来更大的波动。通过EGARCH模型，我们可以得到标准化的新息序列$\{z_t\}$，并尝试用GPD分布去拟合。

二、POT 模型的 GPD 分布参数估计

由于 POT 模型主要针对右尾分布，所以我们对 $\{\hat{z}_i\}$ 做对称处理，得到 $\{-\hat{z}_i\}$ 序列，并基于 $\{-\hat{z}_i\}$ 确定 POT 模型的阈值。在实际中，通常采用的是"图解法"，即根据平均超出量函数（MEF）图来确定阈值，也有学者，比如 Du Mouchel（1983）直接以 10% 的比例确定阈值，并发现效果较好。本章考虑到后续计算 VaR 和 CVaR 的置信水平问题，按照 Du Mouchel 的方法将阈值设定为样本比例的 10%，即为 $u = 1.139587$，同时运用极大似然估计方法估计出 $\hat{\xi} = 0.091783$，$\hat{\beta} = 0.614178$。同时，从图 5-1 中可以发现 u_r 的取值位于 MEF 斜率为正的部分，符合阈值选取标准，从图 5-2 的拟合效果来看，说明使用 GPD 分布效果较好。我们也基于 $\hat{z}_i$ 服从式（5-9）分布和正态分布，计算 95%、99% 的置信水平下的 VaR^z 和 $CVaR^z$，结果如表 5-3 所示。

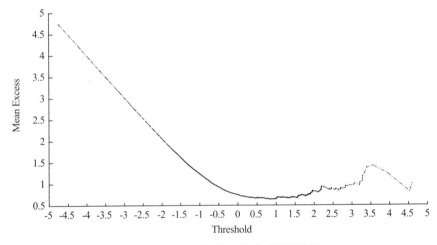

图 5-1　平均超出量与阈值关系

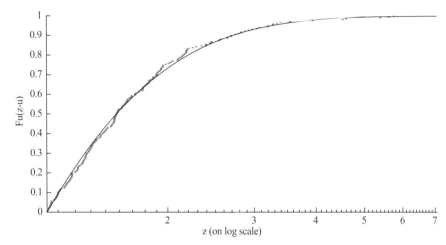

图 5-2　GPD 分布拟合平均超出量分布

表 5-3　两种分布下 *VaR*² 和 *CVaR*² 计算结果

分布	置信水平（%）	*VaR*²	*CVaR*²
POT 模型分布	95	1.578261	2.298838
	99	2.713314	3.548597
标准正态分布	95	1.644854	2.062713
	99	2.326348	2.665214

三、黄金期货时变 VaR 和 CVaR 计算及有效性检验

1. 时变 VaR 与 CVaR 计算结果

从VaR和CVaR的计算结果来看（见表5-4），（1）不同模型下，风险度量存在差异。在95%的置信水平下，EGARCH-POT计算出的VaR和CVaR值均小于EGARCH-N（N表示正态分布）下的值，而在99%的置信水平下，EGARCH-POT计算出的VaR和CVaR的值均大于EGARCH-N下的值，这说明不同分布在刻画尾部风险的能力上存在差异，后续需要对VaR和CVaR的有效性做检验才能得知二者的优劣。（2）CVaR在度量风险时比VaR具有更好

的数学特性，在数值上也必然比VaR稍大，在VaR失效时，其优势可能体现得更为明显，所以在实际风险管控中，VaR与CVaR结合使用可能会得到较好的效果。（3）从黄金期货市场的风险状况来看，即使在99%的置信水平下，VaR的平均数值不超过0.032，CVaR的平均数值不超过0.042，风险整体可控。但是，VaR和CVaR自身的波动性也较大，其最大值已经超过了观察区间内的最大涨跌停板比例和保证金比例，说明个别交易日的风险仍然不可忽视。（4）通过对VaR和CVaR的值的波动特征研究，可能有利于我们合理地设置黄金期货市场的较为合适的涨跌停板比例，从而设置合理的保证金比例，从而对黄金期货市场风险控制具有重要的意义。

从黄金期货市场风险的视角来看，由于涨跌停板、保证金以及其他制度约束，市场风险整体可控，虽然总体来看无论是VaR还是CVaR，其数值水平并不是很高，但由于期货市场的当日无负债结算机制，极端风险带来的市场震荡仍然不容忽视。

表 5-4　时变 VaR 和 CVaR 计算结果

置信水平（%）	模型	风险测度指标	均值	中位数	最大值	最小值	标准差
95	EGARCH-POT	VaR	0.018294	0.016969	0.051086	0.010910	0.005518
		CVaR	0.026629	0.024698	0.074393	0.015873	0.008037
	EGARCH-N	VaR	0.019064	0.017683	0.053240	0.011368	0.005751
		CVaR	0.023898	0.022165	0.066755	0.014246	0.007212
99	EGARCH-POT	VaR	0.031423	0.029144	0.087799	0.018728	0.009486
		CVaR	0.041085	0.038104	0.114815	0.024481	0.012407
	EGARCH-N	VaR	0.026947	0.024993	0.075283	0.016062	0.008134
		CVaR	0.030867	0.028628	0.086243	0.018396	0.009318

2. VaR 的有效性检验

对于 VaR 的有效性检验，通常使用 Kupeic（1995）检验法。具体到本章，也就是将实际的每天的收益率序列 r_t 与计算的 VaR 值做比较，若 $r_t < -VaR_t$ 为一次失败，即 VaR 不能有效覆盖风险，计算总的失败天数为 n，总样本天数为 N，则失败率为 $p = n/N$，同时理论失败率为 $p' = 1 - c$（其中 c 为置信水平），可以使用 Kupeic 构造的对数似然比 LR 统计量来检验 p 与 p' 是否显著不同，具体形式如下：

$$LR = 2\ln[(1-p)^{N-n}(p)^n] - 2\ln[(1-p')^{N-n}(p')^n] \qquad （5-18）$$

零假设：$p = p'$，此时 $LR \sim \chi^2(1)$，在 95% 和 99% 的置信水平下对应的临界值分别为 3.841、6.635，如果计算出的 LR 统计量小于相应置信水平下的临界值，则接受零假设，反之则拒绝。

通过表 5-5 可以发现：（1）95% 和 99% 的置信水平下 EGARCH-POT 和 EGARCH-N 的计算的 VaR 值均通过显著性检验，计算结果有效，但是二者在有效程度上存在差别。（2）POT 模型下的分布相对于正态分布而言，在计算 VaR 上具有明显的优势，理论失败率与实际失败率偏差较小，说明其在刻画极端风险层面的能力较强。

表 5-5　VaR 的有效性检验结果

置信水平（%）	模型	期望失败天数	实际失败天数	期望失败率	实际失败率	LR 统计量
95	EGARCH-POT	112.15	111	0.05	0.04949	0.0125
	EGARCH-N	112.15	99	0.05	0.04414	1.6869
99	EGARCH-POT	22.43	22	0.01	0.00981	0.0084
	EGARCH-N	22.43	35	0.01	0.01560	6.0777

3. VaR 失效时 CVaR 的有效性检验

由于 CVaR 较之于 VaR 在度量尾部风险层面具有更强的优势，对于本章计算出的 CVaR 的有效性也有必要给予检验，通常构造一个 LE 统计量来检验 CVaR 的有效性。

$$LE = |\frac{1}{n}\sum_{t=1}^{n}|r_t| - \frac{1}{n}\sum_{t=1}^{n}CVaR_t| \qquad （5-19）$$

这里的 n 为前述的 VaR 失效的天数，r_t 为这些失效天数对应的收益率（$r_t < 0$），$CVaR_t$ 为该天对应的条件风险值，LE 统计量衡量实际损失均值与条件风险值差距，LE 统计量越接近于 0，说明实际计算的 CVaR 越有效。通过表 5-6 可以发现 GPD 分布，在 VaR 失效的情况下，CVaR 的均值与 r_t 序列的绝对值的均值更为接近，LE 统计量更接近于 0，所以相对于正态分布而言，POT 模型下的分布计算的 CVaR 更为精确有效。

表 5-6　VaR 失效时 CVaR 的有效性检验结果

置信水平（%）	模型	r_t 均值	VaR 均值	CVaR 均值	LE 统计量
95	EGARCH-POT	-0.0277	0.0194	0.0282	4.89×10^{-4}
	EGARCH-N	-0.0290	0.0205	0.0257	0.0033
99	EGARCH-POT	-0.0407	0.0314	0.0410	2.76×10^{-4}
	EGARCH-N	-0.0389	0.0293	0.0335	0.0054

四、黄金期货市场风险状况研究

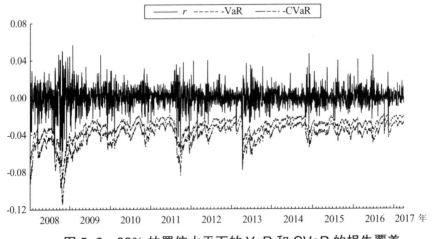

图 5-3　99% 的置信水平下的 VaR 和 CVaR 的损失覆盖

由前述检验，可以发现利用 EGARCH-POT 模型计算的 VaR 和 CVaR 更为准确有效，所以我们利用该模型计算的 99% 的置信水平下 VaR 与 CVaR

来研究黄金期货市场风险状况。通过观察图 5-3，可以发现：

总体来看，黄金期货市场风险呈现出逐渐衰减的趋势，即无论是 VaR 还是 CVaR 的数值总体来说是逐渐降低的。在期货市场建设初期，CVaR 值可能高达 8% 以上，然而，在 2017 年之后基本可以维持在 4% 以内，这说明国内黄金期货市场在制度建设层面正在不断完善，比如根据市场风险状况动态调整涨跌停板比例和保证金比例、规范交割品种以及开通夜盘交易避免价格跳空等，黄金期货市场逐渐趋向于成熟。

从局部波动来看，黄金期货市场风险的波动幅度逐渐收窄，即无论是 VaR 还是 CVaR 的波动幅度是逐渐收窄的。具体来说，我们可以划分为 2008 年 1 月至 2009 年 12 月的高幅震荡发展期，2010 年 1 月至 2014 年 12 月的中幅震荡过渡期，2015 年 12 月至今的低幅震荡规范期。黄金期货市场震荡除了受自身制度建设、国内经济环境状况的作用外，在很大层面上还受经济金融危机、国际主要经济体的货币政策、国际油价和政治局面等因素作用。

黄金市场个别交易日存在的风险仍然不能忽视。比如，在 CVaR 超过现有的涨跌停板比例时，实际上意味着此时黄金期货市场极端风险已经发生，由于期货市场的保证金制度和当日无负债制度，使得面临损失的投资者直接成为现实，所以监管当局对于个别交易日的极端风险应当密切关注，并采取必要的管控措施，防止市场被投机者操控。

第三节 结论与建议

一、主要结论

本章的研究主要分为三个部分：第一，通过建立 EGARCH 模型研究黄金期货市场的波动特征。结果表明，黄金期货市场收益率波动特征能够很好地用 EGARCH 模型刻画，并呈现出丛集性、持久性、杠杆效应的特征。第二，基于极值理论的 POT 模型计算出黄金期货市场的时变 VaR 和 CVaR。结果表明，与 EGARCH-N 模型计算结果相比较，EGARCH-POT 模型的计算结果更为有效和准确，POT 在对于极端风险的刻画具有较强的能力。第三，对于黄金期货市场风险特征研究表明，其呈现出总体收缓、局部震荡和个别日较为剧烈的特征。

二、政策建议

黄金期货市场 VaR 的监测对于涨跌停板比例的合理设置具有重要的启示意义。这主要是 VaR 和涨跌停板比例本身都是对极端事件的刻画，在定义形式上具有一致性（毕鹏，2006）。所以合理的设定涨跌幅可以基于高分位数的 VaR，具体来说，可以基于近期 VaR 的特征和预测未来的 VaR 趋势，对每日 VaR 应当做好实时监测和评估。当然，实际上在确定涨跌停板比例除了考虑防范价格过度波动的风险的同时，还需要考虑是否影响期货价格发现功能的有效发挥。

黄金期货市场 CVaR 的监测对于保证金比例的合理设置具有一定的参考

意义。虽然国内多数学者在期货保证金设定上提出参考 VaR 的建议（如刘庆富和王真，2011；陈秋雨和 Park，2014），但保证金比例设置标准通常是能否覆盖最大程度的损失，即能否覆盖涨跌停板带来的损失，那么从这个层面来说 CVaR 能够更好地刻画这个特点。所以，对黄金期货 CVaR 的监督和观测也必不可少，保证金比例的合理设定也是期货市场风险防范的另一个重要制度防线，实际设定也需考虑市场的流动性问题。

黄金期货市场的涨跌停板比例和保证金比例往往需要根据市场动态调整。在国内黄金期货价格整体受国际和国内经济环境的影响下，未来黄金期货价格在总体平稳波动的趋势下出现局部时间段的异常波动情况也时有可能发生，相机抉择调整涨跌幅和保证金也是必要的，具体形式也可多变，比如特定时期，特定交易主体等。总之，监管当局在促进黄金期货市场发挥其有效功能的同时，要密切关注过度投机和价格操纵等异常现象，实时做好市场风险防范，保障普通投资者的利益。

第六章
基于中美对比视角的中国影子银行发展研究

本章基于中美对比视角来研究两国影子银行发展的情况，对比分析异同之处，并提出针对性建议。一方面对中国影子银行体系提高风险抵御能力、完善运作机制具有较强参考价值，另一方面对现阶段增强市场弹性、盘活存量有重要意义。本章的主要贡献体现在：第一，将美国影子银行发展放到历史背景下去定位，找出与目前中国影子银行发展相近的阶段，延展了中美影子银行的可比性。第二，系统梳理了两国影子银行的运作机制，宏观、微观结合研究了影子银行运作效果，综合点与面分析了主要缺陷，在这几个方面对比探究了我国影子银行现阶段发展中的不足。第三，分别阐述了金融化不足与金融化过度导致的金融失衡现象，我们看到这两种状态都会对经济的健康发展产生不良影响。第四，提出了构建下个阶段我国影子银行优化发展格局的相关建议。

第一节　中美影子银行发展简史

中国影子银行所扮演的角色与 20 世纪 80 年代左右美国的影子银行有着很多相似之处。现阶段中美两国影子银行各方面都存在一定差异，但本质上都是银行体系外的一种信用中介补充。且现阶段中国影子银行运作模式也有向美国追赶的趋势。总的来看，中美两国影子银行发展路径有一定的相似性。表 6-1 对两国影子银行进行了简要总结。

表 6-1　中美影子银行发展背景对比

影子银行发展背景	当今中国	20世纪80年代美国	当今美国
利率市场化	收官阶段	1980~1986年为改革期	已完成近30年
金融抑制	存在	存在	金融抑制程度弱
金融脱媒	逐渐发展	逐渐发展	程度较高
融资环境	融资困难	融资困难	流动性充裕
资产证券化	初步发展阶段	初步发展阶段	发展程度高
杠杆率	上升	较低	高
金融体系架构	银行主导	银行主导	市场主导
金融业经营模式	分业经营	分业经营	混业经营
货币政策	2013年后由紧转松	80年代初由紧转松	金融危机后转为宽松
第三产业比重	迅速上升期	迅速上升期	稳定期，占比高
房地产市场	泡沫消化期	上升期	复苏
经济增长	中高速	整体较快增长	复苏

资料来源：根据肖欣荣等（2011）、胥爱欢（2013）等整理。

　　基于上面的对比，可以看到当今的中国与 20 世纪 80 年代的美国、当今的中国与当今的美国影子银行的发展情况。1938 年美国政府出资建立房利美为影子银行萌芽期，资产证券化始于 60 年代，金融脱媒始于 70 年代，利率市场化、影子银行蓬勃发展始于 80 年代，高度衍生化始于 20 世纪末，金融危机过后美国影子银行进入较成熟发展阶段。而中国影子银行兴起大致可以追溯到 2005 年，金融危机期间中国政府实施一系列经济刺激政策，给原本严格的信贷控制松绑，金融脱媒逐步演进，影子银行才有了较大发展机会，目前仍处于新兴阶段。当今的中国与 20 世纪 80 年代的美国在影子银行发展方面具有相似性，但是似而不同，因此有较多的可以比较研究之处。根据金融市场发展演化规律，中国影子银行在金融创新、投机、套利与监管之间不断博弈，下一步也可能会有与美国类似的发展周期。现阶段的美国影子银行使其过去的升级优化，在功能与效率上都有所提升，因此，本章主要集中于当今的中国与美国的对比，从运作机制、运作效果、主要缺陷等方面分析中美影子银行的发展差异，以便扬长避短，为促进中国影子银行健康发展提供前瞻性建议。

第二节　中美影子银行系统运作机制比较

两国影子银行的功能侧重点不同，运作机制上也存在多方面差异，下面是中美影子银行系统的介绍。

一、美国影子银行运作机制

美国影子银行在"发起—分销"模式下通过各种渠道与金融市场形成一个完整的资金流系统，是典型的表外运作，核心是资产证券化。简要地说，各类贷款与证券通过商业银行等仓储行（Warehouse bank or seller）进行汇集（王达，2012），通常由仓储行设立的特殊目的载体（Special Purpose Vehicle，SPV）结构化形成资产支持证券（Asset-Backed Securitization，ABS），结构化之后的产品ABS成为各类机构投资者的投资对象，一部分ABS会成为影子银行进一步证券化的"原材料"，通过投资银行设立的结构投资载体（Structured Investment Vehicle，SIV）打包信用增级处理形成债务抵押债券（Collateralized Debt Obligation，CDO），CDO与各类贷款汇集可以再次证券化转换成期限较短的资产支持商业票据（Asset-Backed Commercial Paper，ABCP），货币市场共同基金（Money Market Mutual

Fund，MMMF）一般是ABCP的主要购买方之一（Ferrante，2015；Pozsar
等，2010；IMF，2014b）。在对银行可承兑和不可承兑的信用贷款进行发
起、服务、结构化、交易和融资的过程中影子银行取得了规模经济，比传统
银行更有效率（Pozsar等，2010）。回购、证券化、MMMF作为影子银行系
统的三个主要组成部分，其本质是原有的"存款—持有"模式借助美国金融
市场信用体系进行的逆向转换，但这个转换最大限度地提高了市场各类主体
的参与度，调动了市场积极性，因此对增加市场流动性促进资源优化配置有
很大帮助。图6-1是美国影子银行运作机制。

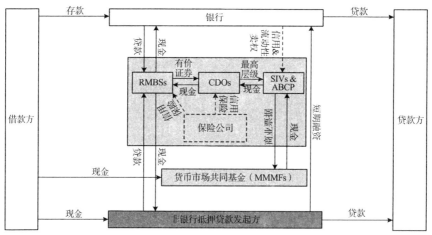

注：图中RMBSs即Residential Mortgage-backed Securities，指的是住宅抵押贷款支持证券，
是ABS中的一种，属于较初级也是较安全的证券化产品之一。

资料来源：IMF（2014b）。

图6-1　金融危机爆发前美国影子银行系统

二、中国影子银行运作机制

中国影子银行主要以投融资为目的、以净息差和中间业务收费为利润来
源，是在商业银行具有主导地位下的小幅信用延伸，其运作结构较为简单。
中国影子银行一般以理财、投资返利等形式以较高的收益率从"借款方"获
得资金，这些资金主要以项目投资、资产重组、同业存放、投资证券、定向

资产管理计划、信托受益权等形式直接或间接输送到实体企业、金融机构或政府平台等贷款方。如图 6-2 所示，中国影子银行系统中大部分业务只是银行运作模式的复制或替代，而且功能仍是以融资为主。以影子银行中占比较大的信托公司为例，信托公司从客户或者其他金融机构中以投资信托产品的名义募集信托资金，以信托委托贷款的形式将其提供给企业或者地方政府项目，信托公司从中赚取利差并承担违约风险（有些项目信托公司会通过担保公司分摊掉一部分违约风险）。部分影子银行（小贷公司、金融租赁公司等）原本是以自有资金进行运作的金融机构，借助互联网金融在很大程度上突破了监管限制，通过以众筹、众包、P2P 等形式连通了借款方。商业银行与影子银行存在一定的合作关系，商业银行的大量风险资产通过资产管理公司、信托公司等进行剥离，影子银行变相充当了银行信贷资金供给链上的担保方。银行同业相关的信贷资产双买断、票据买入返售、同业代付、买入转售等业务很多时候变成项目出表的工具。银行理财产品类实质上是银行的影子，通过将客户存款转变为结构存款或者通过资产创造负债的形式（银行增加一笔资产的同时，给贷款方企业或金融机构等增加一笔负债），银行提供的信用支持创造了信用货币（孙国峰等，2015）。银证、银保、银基、银资、银银合作通过委托贷款、信托受益权、同业业务、定向投资等通道间接为贷款方提供资金，这也体现了混业经营的大趋势。由于银行监管严格而影子银行监管较弱，因此存在监管套利空间，影子银行从中获取风险溢价收益。

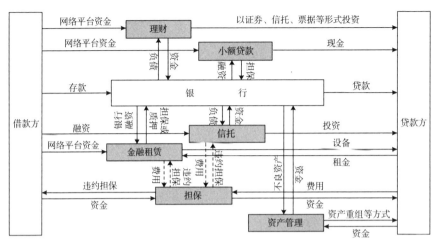

注：此为中国影子银行系统的简化图。

图 6-2 中国影子银行系统

这里的理财为较宽泛的含义，既是指商业银行理财，也是指货币市场基金理财等，两者资金输送的实务操作不同在图 6-2 中并未展示，资金操作与会计记账会有差别，具体可以参考孙国锋等（2015）。虽然中国自 2012 年重启了证券化，并且规模逐渐扩大，但考虑到其投资门槛较高、大部分产品没有面向大众，因此在图 6-2 中未予描述。虽然银证、银保、银基、银资、银银合作形成的影子银行未在图 6-2 展现出来，但基本运作形式与此简化图类似。

结合相关及以上内容，表 6-2 是对中美影子银行系统的简要对比。从中可以看出两国影子银行在运作核心、参与主体、主要产品、主要目的、运作效率、信贷中介链条长度、资产质量、风险性等方面均存在诸多差异。中国影子银行尚属于初始阶段，发展的主要动力是监管套利，社会融资供不应求的背景下走简单规模扩张路线，运作内容尚未扩展到更深的层次。

表 6-2　中美影子银行系统对比

	中国	美国
运作核心	投融资	证券化
参与主体	商业银行内部子机构、资产管理公司、信托公司、金融租赁公司、货币市场基金、私募股权基金、典当公司、小额贷款公司、证券公司、基金子公司、保险公司等	政府发起企业、金融控股公司、私募股权基金、SPV、SIV、MMMF、投资银行、财务公司等
主要产品	理财产品、信托产品、委托贷款、承兑汇票等	ABS、CDO、RMBS、ABCP 等
主要目的	监管套利，获取净息差，迎合融资需求	监管套利，获得流动性，优化资源配置，迎合消费需求
运作效率	缺乏金融工具，交易摩擦大，资金运作效率较低	专业化分工，批量化生产，运作效率较高
信贷中介链	运作模式简单，一般情况下信贷中介链较短	处理过程复杂，涉及金融主体多[1]，信贷中介链条长
资产质量	拥有资产质量较差，优质资产与金融资源被商业银行掌握	大部分资产的质量较高，有严格衡量标准，质量较低的资产可以通过证券化进行信用增级
风险性	与银行关联性高，风险分散化程度不够，并且政府和银行在很大程度上承担着隐性担保的道德风险	投资多元化以及风险隔离机制，一般情况下风险较低，但在金融危机发生时会有系统风险

---

[1] 一般证券化可能会涉及基础资产方、发起方、托管人、担保方、受让人（一般指 SPV）、管理方、结构化代理方、债券发行方、评级机构、法律事务所、监管方、外部风险转移方等，关系十分复杂。

第三节　中美影子银行系统运作效果比较

美国影子银行可以说是引发2008年国际金融危机的罪魁祸首，而后金融危机时代美国政府金融监管虽然趋紧[①]，对影子银行活动进行不同程度限制，但是仍基本上没有堵塞影子银行运作管道。金融危机爆发后，美国影子银行发展进入低谷期，之后美国影子银行逐渐抬头，时至今日其体量与影响仍很大，2013年美国仍拥有世界上最大的其他金融中介（Other Financial Intermediaries，OFI[②]），资产规模超过25万亿美元，全球占比为33%（Financial Stability Board，FSB，2014），规模基本与危机爆发前持平。从神木、温州、鄂尔多斯等地资金链断裂，到近年来房价高企，再到2015年股市异常波动，种种事件都可以发现中国影子银行的身影，但中国政府也没有真正从全方位遏制影子银行发展。可以从侧面看出中美两国乃至全球金融市场对影子银行的依赖，这与影子银行的积极作用是分不开的。

一、影子银行作为金融深化的重要载体，为市场参与者提供更多资源配置的可能

对于美国，一方面影子银行突破了门槛限制，比如部分不向个人投资者

---

① 2010年奥巴马总统签署《多德—弗兰克华尔街改革和个人消费者保护法案》，构造超级监管模式来应对先前监管不足，该法案被认为是自大萧条以来美国最严厉的监管法案。

② OFI包括除银行、保险公司、养老基金、公共金融机构、中央银行、金融附属机构之外的所有非银行金融中介机构（Non-bank Financial Intermediaries）。2014年FSB全球影子银行监测报告中用OFI来对影子银行规模进行评估。

开放的股票或准入门槛很高的私募基金等，投资者通过购买准入门槛较低的MMMF可以间接达到相关资产配置的效果；另一方面，影子银行产品在很大程度上可以满足投资者的不同资金流或风险偏好需求。

对于中国，影子银行突破利率管制，最大限度地调动了市场积极性。中国大企业借贷方便且成本低，造成公司部门杠杆肥尾，规模最大的前50家大公司的负债占上市公司负债总额的近一半（IMF，2014a），而过半的中小企业无法从商业银行获得所需融资（陆晓明，2014）。影子银行在很大程度上弥补了原有信贷体系的不足，扩大了社会融资渠道，有助于缓解中小企业的融资需求压力，为增强市场活力、为企业创新提供了信贷支持。理财产品、信托产品、基金产品等突破了原有存款利率限制，用较高回报率吸收了大量社会闲散资金。这些资金一般会用于安全性较强、收益较好的领域（如国债、企业债、股票、工程项目等），在一定程度上促进了直接融资，对提高社会效率、提升社会福利有直接或间接的帮助。

二、满足了市场对流动性的迫切需求以及海量财富寻求不断升值的愿望

传统模式下的银行一般主要向家庭和非金融机构吸收存款（一般将此称为金融系统的"核心"资金融资模式）然后再向外进行贷款活动，但是随着经济快速增长，核心资金已经不能满足信贷需求的增长（Harutyunyan等，2015）。美国是典型的低储蓄国家，并且倾向于超前消费，购买汽车、住宅、商业房屋等利用分期付款方式普遍。一方面是金融机构（主要是银行，下同）累积了大量风险资产，导致资金运作缓慢；另一方面是在国债发行规模有限的情况下，大量闲置资金缺少安全升值渠道。影子银行汇集金融机构持有各类贷款，用证券化技术设计出高评级债券来代替国债，从而使资金闲置方与金融机构得到了双赢。宏观上看，美国影子银行产品具有的货币性是造成此次金融危机中在整个经济存量变化不大的情况下流动性泛滥的重要原因，货币性与收益性的结合则很大程度在资本市场上引发了海量需求。

对于中国，影子银行丰富了资本市场结构，在很大程度上弥补了由商业银行主导的资本市场上的空缺。社会资本追逐优良资产，而由于政策管制房地产等项目升值空间不稳定，加上国债规模有限、股市仍处于低谷熊市中，大大减小了资本可以配置的空间。影子银行筛选优质非标准或标准资产汇成资产池可以扩大投资范围以保证收益。各式各样的影子银行本身就是对金融结构的丰富，其在功能上、形式上的创新也在一定程度上能够满足市场的逐利需求，激活了很多原本沉寂的资本存量。影子银行的部分金融创新如银信、银证、银保、银基、银资、银银等通过加强优势渠道合作来发挥比较优势，通过合理的资产证券化缓解资产与资金的期限不匹配、流动性不足等问题，达到财富管理与提升的目的。

三、缓解商业银行风险

对于美国，商业银行受到州银行和保险委员会、联邦存款保险公司、联邦储备体系等多方监管，有严格的资本和流动性管制，将资产批发销售给影子银行，一方面将资产进行隔离处置，降低了资产负债比率；另一方面，可以及时获得流动性，再运用于高收益投资等。商业银行将原本留存于自身的风险进行分散化，最终让广大的投资者承担部分风险。近年来，资产证券化已成为美国商业银行营业收入的重要来源之一。

对于中国，商业银行风险资产剥离的途径主要是将自身风险资产出售给影子银行，影子银行通过一系列手段将资产分类、处理，部分长期持有。不良资产的合理处置直接或间接减轻了企业的负债压力，为企业长期发展经营提供了帮助，最大限度地降低了商业银行风险系数，充实了银行的资本充足率。下个阶段不良资产的处置或多或少仍需借助影子银行。

总的来看，两国影子银行系统运作核心不同，都有较多积极作用，程度上有一定差异。前个阶段，中国经济发展速度快，庞大的市场对资金有极大需求，影子银行在这个时期的主要作用为满足投融资服务，是对商业银行主导的金融体系的补充。美国影子银行则在此基础上较好地增加了自主性与适应性，通过证券化、货币市场互助基金等金融创新可以满足商业银行资产或负债管理的需求，进而调节资金供给与需求的变动。在经济增长放缓的情况下，中国实体经济要进行结构化改革，影子银行很长一段时期不仅要面对企业投融资模式变化，更要面对资产质量下降、信用风险增加等情形，先前效果较好的运作模式需要进一步推广，新的功能也要进一步挖掘。以利率市场化等金融深化改革为契机，影子银行需要加快转型以适应现有的经济结构变动。现阶段，既要学习与吸收美国影子银行运作经验，也要看清其金融化过度的贻害。

第四节　美国影子银行运作的主要优势与历史教训

一、美国影子银行主要优势

第一，资金使用成本低。其一，影子银行专业化批量运作可以取得规模效应使得单位成本较低。其二，经过多环节信用增级，降低了证券化产品的利率。其三，高度活跃的回购市场，为债券的流动性提供了支持，减小了债券的折价。其四，政府发起企业及联邦住宅贷款银行系统为房屋抵押相关贷款提供了一个庞大的二级市场，凭借强大的政府信誉降低了各环节的流通成本与信息收集成本。

第二，高效的风险分散能力。证券产品设计者基于资产池中资产的违约率、违约损失率及资产相关性等来计算总的收益分布情况，通过计算机技术运用资产定价、风险管理等模型，划分出不同安全层级的比例。资金流先保证最高等级产品的偿付，然后依次向下进行。最低等级资产多为发起者保留，这样保证了绝大多数层级资金的安全性。当类别不同、风险大小不同、期限不同的款项汇成资产池（资产池主要包括住宅抵押贷款、商业抵押贷款、汽车贷款、信用卡应收款、学生贷款等），个体具有的波动性资金流会在投资组合中被弱化形成较稳定的资金流，较好地熨平了资金流的波动性及各类贷款、债券期限上的差异，同时分散了风险。美国影子银行典型的证券化过程见图 6-3。

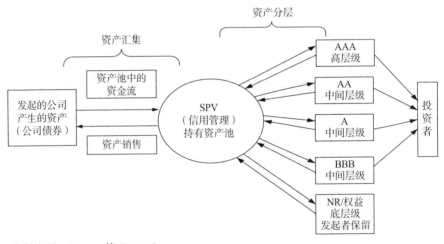

资料来源：Gorton 等（2010）。

图 6-3　证券化的一般过程

第三，投资安全保障。美国影子银行产品能远销全世界的主要原因就在于其产品的安全性。美国影子银行基础资产质量较高，比如 MMMF 主要投资于定期存单、商业票据、大额存单、短期国债、高等级证券化产品等，稳健的投资保证了本金的安全，并可拥有高于国债的收益，当然这也与美国雄厚的经济实力与美元的信誉有很大关系。美国影子银行在证券化资产分层时进行信用增级，安全层级最低的资产一般自留不对外发行，且影子银行本身损失覆盖能力强。其对基础资产风险隔离保护有法律监督机制，可以避免其受原始受益人破产或违约的影响。高度活跃的回购市场为证券化产品的及时兑现提供了保证。另外，美国影子银行运用信用违约互换（Credit Default Swap，CDS）等避险工具在负债方发生信用违约时可得到补偿，从而保证正常的资金流。这一系列措施在很大程度上保障了投资者的本金与收益。

二、美国影子银行的历史教训：防微杜渐与引以为戒之处

美国影子银行在 2000~2007 年空前繁荣，很多问题却被忽视，投机与金融化过度最终引致危机的爆发。研究金融危机中美国影子银行暴露的问题，对中国影子银行发展有很大警示作用。

第一，影子银行运作中资产质量、综合杠杆率、金融资产价格顺周期现象严重。在经济繁荣时期，为扩展业务增加盈利，各金融机构间竞争激烈。各影子银行机构纷纷对其涉足的领域逐渐下降资产要求标准，这不仅意味着风险资产规模和杠杆率的增加也意味着违约概率上升，同时"羊群效应"放大了顺周期膨胀的效果。有丰厚的利润做保证，董事会与股东往往对管理者增加风险系数的举动不再敏感。此外，存在道德风险，影子银行有尽快把自己做大的冲动，因为一旦其成为系统风险重要性金融机构，那么在发生风险时政府会首先重点救助这些机构，给予其更多优惠。当经济放缓时，资产价格不断下降，整个影子银行系统的运作会进入恶性循环。影子银行可以在经济繁荣时提供更多的流动性是以减少经济衰退时的流动性为代价的，在流动性的增与减之间会改变金融稳定与增长之间的平衡（Moreira 等，2014）。

第二，没有及早认识到影子银行引发系统性风险的可能性。危机发生期间，人们争相抛售次级债券及优级债券等证券化产品统统购买国债，也就是说原本相关性很低的资产在危机期间相关性显著增强，并且由于资产价格竞相贬值（主要是由房屋价格下跌引起一系列与房屋相关的金融产品损失），财富缩水加上期限错配、流动性错配太严重，进一步导致更大批的贷款人违

约，整个资产池陷入危机，高层级资产也不再安全，先前的分散化投资在此时助推了风险传染。Pozsar 等（2010）认为影子银行与传统银行一样管理着期限、信用及流动性的转换，但是它们缺少途径从公共资源获得流动性（如美联储的贴现窗口），也缺少保险保障（如存款保险制度不包括它们），因此影子银行在危机爆发期间遭受了巨大压力。如图 6-4 所示，ABCP 从 2004 年的 6500 亿美元增长到 2007 年 6 月的 1.2 万亿美元，之后由于一系列市场负面消息导致投资者的恐慌情绪蔓延，仅仅 4 个月时间其规模缩减到 8330 亿美元。

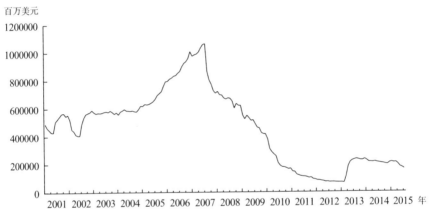

注：由于 ABCP 衍生程度高，期限错配严重，并且其管理者、发起方存在很大风险自留，自金融危机过后 ABCP 有逐渐退出市场的趋势。

资料来源：圣路易斯联邦储备银行（https://research.stlouisfed.org/fred2/tags/series?ob=pv）。

图 6-4　交易商未清偿的 ABCP

第三，监管模式与金融市场不匹配和监管不到位现象并存。危机爆发前，美国监管模式可以称作是金融机构混业经营下的分业监管，这就导致金融机构多头监管或监管空白。多头分业监管容易导致各监管机构权责不明、效率低下；监管空白则易引起投机与套利行为。同时，影子银行信息透明度差，导致监管方对风险难以测量。诸如回购市场虽具有系统重要性，但是其信息不透明，市场参与者、监管者连最基本的诸如回购市场规模的信息也很难掌握，更不要说市场结构、运作和定价（Hu 等，2015）。影子银行的资产池规模都很庞大，很难辨析各类资产风险状况。加上过度衍生化，没有销售出去分级的资产一般会重新打包形成新的资产池进行二次证券化，更加重了信息不对称。另外，影子银行机构间信贷关系链复杂，每个环节的监管程度与方式的差异很容易造成监管漏洞，即监管存在"木桶效应"，在影子银行高速膨胀时期，监管方既未能及时辨识到监管差异也没有充分理解其中的风险性。

第四，政府宏观政策的制定对金融市场造成的影响估计不足。互联网泡沫与"9·11事件"之后美联储长期奉行宽松的货币政策与财政政策，联邦基准利率从2000年后趋势性走低，为影子银行迅速发展提供了环境。影子银行快速发展过程中，金融创新及高度风险分散化从不同的渠道使实体经济变得更脆弱（Ferrante，2015）。考虑到通货膨胀和经济过热的压力，美国政府货币政策持续收紧（如图6-5所示的联邦基准利率从2004年开始趋势性上升），却没有认识到影子银行系统缓释风险能力的降低。其实，正是利率的趋势性上升逐渐使影子银行系统陷入恶性循环。一方面，利率上升对各类金融资产及房地产价格有直接负面影响，迫使资产池估值下降，进而使证券化各环节的稳定性遭到破坏；另一方面，MMMF收益率相对下降，投资者对其安全性产生质疑，引发投资者的消极情绪。为保证资金流安全性MMMF投资范围继续缩窄，这更加大了影子银行流动性紧缩。而流动性紧缩，又增加了回购市场压力。

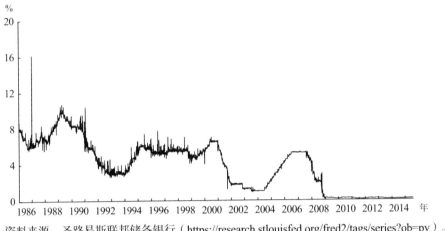

资料来源：圣路易斯联邦储备银行（https://research.stlouisfed.org/fred2/tags/series?ob=pv）。

图 6-5　美国联邦基准利率

第五，回购、抵押与证券化等让实体经济越来越金融化，信用增级后金融化产品越来越货币化［孙国峰等（2015）认为发达国家影子银行的业务实质上达到的效果是促进了商业银行的货币转移］，而凭借极高的公信力，货币化产品越来越全球化，最终导致风险全球化。原本具有服务实体经济惠及民众性质的金融体系逐渐演变为投机者的赌局，最终由于房地产市场不稳而导致金融"大厦"的崩塌。美国影子银行证券化产品远销世界各地，一方面创造了大量新的金融需求，另一方面把风险传递到世界各地。从 2003 年到 2007 年中期，全球储蓄过剩的国家购置美国国债和机构债大约 1 万亿美元，欧洲购置美国企业债券甚至超过了 1.25 万亿美元（Bertaut 等，2012），危机到来时购买这些金融产品的投资机构成为直接受害者。我国资本市场当时开放程度较低，但随后实体经济仍受到了很大连累。

时至今日，2008 年爆发的国际金融危机的负面影响一直在持续，美国学术界对此次金融危机的反思也没有停止过。虽然中国影子银行金融化发展程度远不及美国，但由于中国金融市场发展程度不够、市场弹性较差，影子银行的存在同样增加了整个市场的金融脆弱性，因此美国在影子银行方面的教训仍值得关注，宏观审慎政策框架下需要考虑到中国影子银行的金融条件。

中国影子银行处于瓶颈期，也处于蜕变期，不仅需要实质性进步，也需要立足于长远发展。

第五节　中国影子银行发展主要困境与潜在突破口

一、现阶段中国影子银行发展主要困境

第一，风险累积与经济放缓的双重压力。受经济增长放缓、企业效益降低、房地产市场价格波动等因素影响，截至2014年底，中国银行业金融机构不良贷款余额达1.43万亿元，不良贷款率上升至1.6%（中国人民银行金融稳定分析小组，2015），风险压力增大。中国影子银行信贷供给利率普遍偏高，实体经济资金使用成本也一直处于较高水平。这若在经济高增长带动下实体经济仍可以进行消化，但在新常态下，高资金使用成本必然会对其带来拖累，形成大量债务负担。我国影子银行从很多方面已显露出一定的顺周期性，考虑到影子银行推动了地方债务大量累积（吕健，2014）以及影子银行自担风险能力较差且与商业银行存在很大关联性（周利萍，2013）的事实，仍按照原来的扩张模式必然会增加影子银行债务杠杆，增加金融市场风险隐患。

第二，信息披露不充分，透明度低。影子银行偏好大企业、地方政府等"贷款方"的大项目和长期借贷，而对这些资金具体用途、风险评估状况不愿透露，对其投资细节更是讳莫如深。"借款方"即投资者关于其资金运作

信息知之甚少，加上风险辨别能力较差，只简单以保本或非保本来区分风险性。由于客户能获得的信息集中在收益率方面，因此各机构的收益率成为投资的主要比较对象，导致影子银行用高收益率进行恶性竞争，长期陷于利率战的泥淖中。另外，行业信息不透明导致泥沙俱下，有些个人或机构便是借影子银行的合法之名行不法之事，比如进行庞氏骗局或借投资理财之名将资金据为己有。

第三，金融创新目的不明确且动力不足。目前中国金融机构金融创新效果相当差强人意，缺乏真正有益且有效的金融创新。与影子银行既有合作也有竞争的商业银行基本处于优质金融资源垄断地位，推动创新的意愿不强。监管方出于对影子银行潜在风险传染性的考虑，多种金融创新工具迟迟不能获批，而实体经济趋缓更增强了监管方对金融市场的把控意志，很大程度上会抑制金融创新。社会融资短缺造成影子银行利差收益高，降低了金融创新对影子银行的吸引力，同时，各方面的金融管制也弱化了影子银行进行金融创新的可行性。投资者风险管理意识不够，并且多数认为投资产品存在政府或银行担保，降低了金融创新工具的需求。

第四，相关法律修订不能与影子银行运作接轨。中国金融相关法律制度的制定在很多情况下缺乏灵活性与可操作性，或即使可以操作但会对市场造成很大限制，而造成的结果往往是修订之后的法规更加严厉，并与现实脱节，造成"不良反馈"。另外，在很多情况下，主管部门愿意根据当前形势下达行政命令，而相关立法却迟迟不能跟进。主要症结在于针对影子银行立法缺少清晰坚定的长期实现目标与方针，整个宏观监管模式与影子银行发展趋势存在诸多不适宜的情形，造成了法律的无能为力。

二、现阶段中国影子银行发展突破口：规范运作和有序推进证券化

第一，影子银行在很多时候被看成风险与不稳定的代名词，带有很浓的负面色彩，这与现阶段影子银行的良莠不齐有关。影子银行与一般的实体

企业有实质的不同，它是以信息加工与资金的循环运作为生的，关联着大大小小的经济体。进一步规范化影子银行不仅是为了让其摆脱"影子"的消极面，避免其发生道德风险与逆向选择风险，更是为让影子银行自身以及各类经济体拥有一个更好的金融环境。可以考虑对影子银行各项业务细化分类，明确相应监管事宜。在能够提高经营效率促进信息收集的情况下，允许影子银行适当进行业务交叉（而对于风险性较高的业务则应避免业务交叉），并建立相应预警机制以避免其形成跨市场风险。不同类型的影子银行之间应具有自己的特色，信托公司、证券公司、保险公司、基金子公司、小额贷款公司、资产管理公司、融资租赁公司等机构应利用行业信息优势以及经营的灵活性发挥自身比较优势。进一步树立行业准则与标杆，资质不达标的应考虑整改或兼并，违规操作的应施予相应处罚。关于当前政府对影子银行的管制应理性看待，政府层面要考虑管制的潜在成本以及管制的长短期影响。对于不恰当的政府管制带来的价格扭曲，纠正方式应为以市场力量来促进壮大市场力量，逐渐缩小管制不统一带来的套利空间。从金融稳定的角度来看，管制的强弱并不能成为划分其好坏的标准，金融发展史上宽松管制引致金融风险，严管制下造成经济困境乃至经济危机的例子也不在少数，对影子银行的管制应以是否有利于信心提振、价格发现、资源配置、市场弹性增强等方面进行权衡。

第二，与20世纪80年代美国影子银行体系相比，中国现在有基础也有条件进行较大规模证券化。美国证券化衍生品发展过度及其造成的系统性风险为中国证券化发展提供了很好的警示，因此在证券化产品销售与监管等环节应更理智与科学。前一个阶段信贷扩张积累了大量贷款与企业债券，在债券基数扩大的基础上，进一步通过证券化等方式盘活这些贷款与债券，可以丰富债券多样化需求，很多情况下间接解决现阶段大量融资需求。目前国债发行数量供给有限的情况下，经过风险分散化、金融工程技术与信用增级的高质量债券不失为较为理想的投资方式，机构投资者在信息收集与处理方面有很大优势，投资较为理性，有利于市场价格发现，促进高质量债券的融通。

这是一个相互作用的过程，证券化资产池中基础资产的筛选可以进一步引导商业银行和影子银行的融资方向，可以促进融资循环，有利于提高企业对债券发行的价格敏感性，有助于高效率的中小企业得到更多信贷资源。前一个阶段债务置换的实质是以国家信用替代地方政府信用方式对地方债券做信用提升，减少负债成本与压力。从这个角度看，证券化则是利用相关金融机构与金融工程技术为当前债务做信用提升，同样能达到减少负债成本与压力。证券化等相当于提供了信用担保的另一种形式，避免了大量使用国家信用作担保，今后在可以利用机构信用时，应尽量减少使用国家信用。

第六节　结论与建议

本章基于中美影子银行几个方面对比、中美两国影子银行发展逻辑、特点及后金融危机美国针对影子银行的应对措施与监管思想，提出现阶段中国影子银行优化发展相关建议。

一、影子银行优化发展方向方面

促进影子银行投融资、证券化齐头并进，助力供给侧改革。从金融结构与实体经济相适应的角度，以融资为主导的影子银行运行模式不能完全满足新常态下中国经济转型的多层次需求。引导资质良好、实力雄厚的影子银行向证券化模式转化，对于丰富资本市场、增加市场的弹性与损失恢复能力等方面有一定裨益。一方面通过对原有融资模式修缮升级来提高资金供给有效性，另一方面稳固提高证券化广度与深度，逐步化解现阶段政府债务压力，进一步优化资源配置。近几年，随着证券化重启，证券化规模逐步扩大，相关配套政策应逐渐细化，完善监管的同时大方向不应随意变动，以提振市场信心。

二、运作效果提升方面

第一，进一步丰富影子银行的种类与功能。推动证券化、货币市场基金、私募股权基金、融资租赁等行业的规范化发展。中国储蓄率高，现阶段低利率、国债发行规模有限的情况下开发不同种类风险与收益产品，对分散投资、提高居民收入有很大帮助。

第二，增强回购与抵押市场的活力，提高相关市场公信力。提高金融资产的流动性，增强市场弹性，降低相关环节交易与信息收集成本，为市场参与者及时提供有效信息。

第三，完善资金供给机制，扩大直接融资渠道。现阶段，企业端资金需求量大，有必要发展一批优质影子银行，通过局部联通等方式来带动与增进"借款方"与"贷款方"的良性互动。

三、缺陷修正方面

第一，提高信息透明度。作为监管方应积极减少市场信息不对称，完善各环节披露细则，规范信息披露流程，做到信息披露及时准确。一方面改变投资者信息劣势地位，另一方面在各环节提供促进良性竞争所需的信息环境。

第二，在理性对待金融创新的基础上鼓励符合现阶段需要的金融创新。从 2008 年国际金融危机来看，金融创新要把握一个尺度，应在宏观审慎监管框架下保证金融创新与实体经济的动态平衡。鼓励创新，但要在满足实体经济需求的基础上。从资源分配和风险的角度来看，影子银行的金融创新的确有优劣之分。目前中国影子银行很多所谓的金融创新仍停留在为获得高息差收益而进行监管套利，造成大量资金空转，这不仅增加了风险而且降低了金融市场运作效率，应予以制止。对切实有利于实体经济、有利于社会福利提高的金融创新应给予鼓励和大力支持。

第三，健全风险隔离防护机制，完善风险管理。考虑让影子银行纳入存款保险机制，打破刚性兑付。加快信托业等行业结构转型，减小与商业银行关联性。尽快出台证券化方面相关法律，完善风险隔离机构的运作程序，充分保证资产池的资产质量，对衍生程度高的证券化产品比例进行严格限制。规范影子银行破产与重组程序，优化退出机制，倒逼影子银行进行风险管理，防止过度竞争。与美国相比，中国证券化等方面发展较晚，因此立法与政策制定方面存在先验优势，可以多加利用，提高政策实施的科学性与精准性。

第四，构筑统一的功能型监管体系，对影子银行实施一定程度的逆周期监管。在金融系统尚未达到稳态与平衡的情况下，统一的功能性监管体系有助于有效及时地对影子银行发展状况与发展趋势进行把控。政府管制松绑的同时应综合考虑影子银行的资本计提、资产质量、杠杆比例等，给予一定的逆周期政策，以防止过度膨胀或过度萎缩。监管理念上要做到风险与收益相匹配、功能与需求相吻合。利率市场化改革的同时，应鼓励优质影子银行发展，促进证券化等相关领域协同跟进，互为激励。相关部门应引导商业银行与影子银行业务合理分工，明确摘除隐性担保。

第七章
央行沟通与金融市场稳定

第一节　央行信息披露对金融资产价格的影响

一、央行信息披露对金融资产价格影响的相关研究与评价

目前，国外已有诸多学者实证分析了央行信息披露（即央行信息沟通）对金融资产价格的影响，而国内关于央行信息披露与金融资产价格关系的研究起步较晚，文献数量也不多。冀志斌和周先平（2011）首次利用我国金融市场数据检验了央行信息沟通的金融市场效应，其研究表明，央行信息沟通对金融市场产生一定影响，对短期利率以及股票收益率影响较为显著，但对长期利率的影响微乎其微。张强和胡荣尚（2013）通过建立 SVaR 模型分析央行信息沟通和实际干预工具对股票收益率的影响，以此探讨央行信息沟通对稳定金融资产价格的作用。实证结论显示：央行信息沟通（尤其是口头信息沟通）在短期可以减少金融资产价格波动，长期效果并不显著；利率等实际干预变量也在一定程度上影响股票价格波动，但其贡献率不及央行信息沟通。吴国培和潘再见（2014）利用 EGARCH 模型从资产价格角度分析了央行信息沟通对金融市场的影响，结果发现：央行信息沟通会对金融资产价格产生一定影响，但央行口头沟通效果和央行行长沟通效果较为明显。

总结以上文献发现，央行信息披露对金融资产价格具有重要影响，但国内大部分文献量化央行信息披露的方法是虚拟变量法或简单统计沟通事件并编码赋值的方法，这些方法都存在不可复制性等不足之处。由于卜志村和张义（2012）较早利用措辞提取法对我国央行信息披露进行了公开测度，所以本节借鉴卜志村和张义（2012）以及 Heinemann 和 Ullrich（2007）的做法，

运用措辞提取法构建我国央行信息披露指数，并在此基础上构建 VaR 模型研究央行信息披露对金融资产价格的影响，为该领域研究提供新证据的同时，为我国货币当局有效稳定金融资产价格提出对策建议。

二、央行信息披露对金融资产价格的影响渠道分析

央行信息披露是指一国中央银行利用不同信息披露平台，向社会公众和金融市场披露现在的或者未来的货币政策目标、策略、宏观经济前景以及货币政策意图等信息的过程（卞志村和张义，2012）。目前，我国中央银行正建立日趋完善的信息披露平台：第一，设立中国人民银行办公厅新闻处，专门开展新闻宣传及管理工作；第二，中国人民银行每个季度召开一次货币政策委员会例会，会后发布新闻稿，向公众和市场披露会议内容；第三，中央银行网站设立"在线访谈"专栏直接与公众交流对话，"新闻发布"栏目经常更新中央银行行长等领导的重要讲话，"工作论文"栏目则让中央银行的研究工作人员及时与外界沟通，加强国际交流，为货币政策改革决策提供研究支持；第四，定期发布各类最新经济金融数据和报告，例如按月分析我国金融市场运行情况，按季度发布《货币政策执行报告》和按年度公布《金融稳定报告》等信息。

央行信息披露下的市场预期是金融资产价格波动的重要原因，国内外学者普遍认为央行信息披露是管理金融市场预期的有效方式之一。信息是金融市场预期形成的必备条件，市场参与主体的不同信息分配直接导致其预期差异和投资决策差别，进而引起金融资产价格波动。中央银行利用信息披露通过以下四种渠道管理金融市场预期。第一，加强长期、短期金融市场资产价格之间的联系，使货币政策更加有效地传导。央行信息披露首先通过同业拆借市场利率影响未来短期路径预期，最终改变股票收益率等金融资产价格。第二，促进各经济主体学习效率的提高，降低不确定性。在日常生活中，普通社会公众对经济运行的理解缺乏足够的认知，由于中央银行具有信息和人才等方面的优势，其通过货币政策信息披露可以降低信息获取成本，有利于

改善社会公众的学习过程，提高经济运行的透明性。第三，作为协调不同经济主体之间预期的信息"聚点"。中央银行是货币政策实施的决策者，其任何决策都将会引起经济主体的关注，成为信息"聚点"，这点将对经济主体预期发挥协调作用。第四，担当货币政策承诺的角色和促进最优货币政策的实现。中央银行为了保持央行沟通的货币政策工具效力，必须保持现在与未来的"言行一致"，这点可以促进"历史依存"特性的最优货币政策实施。作为金融市场的重要参与者和监管者，中央银行往往掌握着信息和决策优势，中央银行通过召开新闻发布会或公布《货币政策执行报告》等方式向金融市场传达最新的货币政策和宏观经济等信息，实现减少金融资产价格波动的目的。

央行信息披露影响金融资产价格的渠道主要有（吴国培和潘再见，2014）信号渠道和协同渠道。

信号渠道。中央银行通过信息披露向市场传递信号以及创造信息即为信号渠道。信号渠道主要通过两种效应影响金融资产价格：（1）当中央银行披露的信息传递到金融市场之后，不同市场参与者根据中央银行披露的信息更新自己的信息集，然后作出符合自身的投资决策，从而引起金融市场资金流动，最终导致金融资产价格波动。（2）强化长短期金融资产价格之间的联系。一般来说，短期利率能够由中央银行直接控制。中央银行披露信息之后，市场参与者将会修正自己对短期利率的预判，这可能会直接引起长期利率和股价等重要金融资产价格的波动。

协同渠道。协同渠道是指中央银行披露信息后，市场参与者通过中央银行披露的信息，缩减自身与市场有效信息的差距，减少自身信息和预期的异质性，促进金融资产价格更加真实地反映资产价值以及经济基本情况。央行信息披露的协同渠道效应主要表现在：其一，市场参与主体通过中央银行公布的《货币政策执行报告》等方式免费获取信息，降低了信息获取成本。加速了市场主体的学习过程，使金融资产价格能够保持更加合理的水平。其二，由于中央银行披露的信息多为公共信息，所有市场参与者都有同等机会获取。

因此，可以有效降低市场参与者之间的信息不对称现象，避免个别主体通过内幕信息谋取利益、扰乱市场正常的交易制度，有利于创造公平、透明的市场交易秩序，保证真实资产价格的形成。

三、央行信息披露对金融资产价格影响的实证研究

（一）央行信息披露指数的构建

中央银行进行信息披露的渠道有很多，例如《货币政策执行报告》《金融稳定报告》《金融市场报告》《中国人民银行统计季报》、货币政策委员会会议公告、人民银行行长讲话和人民银行文告等，但《货币政策执行报告》已经成为我国人民银行进行信息披露的核心媒介。因此，本节参照卞志村和张义（2012），借鉴 Heinemann 和 Ullrich（2007）提出的措辞提取法，利用2001~2014 年共 11 年 56 个季度的《货币政策执行报告》，通过挖掘、提取关键措辞合成我国央行信息披露指数。构建央行信息披露指数的具体步骤为：（1）根据 56 个季度《货币政策执行报告》，提取措辞并统计措辞频数。（2）采取单因素方差分析筛选有效措辞。通过方差分析排除不显著的措辞，保留所有有区分度的措辞。（3）划分货币政策区制，进行多重比较检验，进一步筛选具有区分度的措辞。（4）利用式（7-1）计算我国央行信息披露指数，最终构建的央行信息披露指数走势如图 7-1 所示。

$$wd_t = \sum_{i=1}^{n} sign(x_i) \frac{nobs(x_{i,t}) - meanobs(x_i)}{std(x_i)} \eta^2(x_i) \qquad （7-1）$$

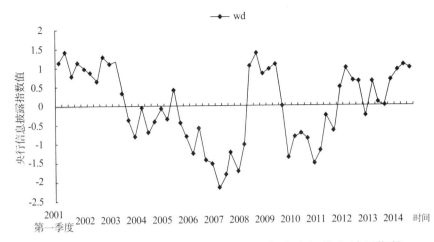

图7-1 2001年第一季度至2014年底央行信息披露指数

（二）数据来源与指标选取

由于金融资产价格种类繁多，而在所有金融资产价格中，股票价格波动最受广大投资者以及中央银行决策者关注。因此，本节选择股票收益率作为金融资产价格的代理变量。上证综合指数是以上海证券交易所全部挂牌上市的股票为计算范围，代表性较强。所以，将上证综指季度收盘价 P_t 代入公式：$STOCK=Ln（P_t/P_{t-1}）$，得到我国股票收益率数据。实际干预变量包括法定存款准备金率和一年期贷款基准利率，根据中央银行公布的数据按照时间加权计算得出。宏观经济控制变量选择了房地产价格和居民消费价格，其中房地产价格用国房景气指数表示。为了消除各变量季节因素的影响，对各个变量进行 X-12 季节调整。为了消除数据的异方差性，对房地产价格和居民消费价格取对数。以上所有数据均来自中国人民银行网站、中宏网数据库和同花顺金融数据终端。

（三）VaR 模型分析

1. 数据的平稳性检验。为了避免伪回归，需要进行单位根检验，利用

ADF 检验法对各时间序列进行单位根检验可知（见表 7-1），在 5% 的显著性水平下，所有序列都是稳定序列。

表 7-1　单位根检验结果

变量	检验类型	ADF 检验值	5% 临界值	P 值	结论
STOCK	（c,0,1）	-5.0027	-2.9155	0.0001	平稳
WI	（0,0,1）	-2.0568	-1.9469	0.0391	平稳
DRR	（c,t,1）	-3.5322	-3.4953	0.0459	平稳
RATE	（c,0,2）	-2.9494	-2.9177	0.0465	平稳
LNHP	（c,t,1）	-4.6076	-3.4953	0.0026	平稳
LNCPI	（c,0,1）	-3.1252	-2.9166	0.0305	平稳

注：检验形式（c,t,p）中，c 指常数项，t 表示趋势项，p 是滞后阶数。

2. 模型建立。通过因果关系检验，本节利用股票收益率、央行信息披露指数、法定存款准备金率、一年期贷款基准利率、房地产价格和居民消费价格 6 个内生变量建立 VaR 模型分析央行沟通对金融资产价格的影响。根据滞后长度标准检验得到滞后阶数为 2，同时所建立的 VaR 模型所有特征根均小于 1，表明模型满足稳定性条件。由于 VaR 模型估计结果与本节没有联系，本节不再赘述。

3. 脉冲响应分析。我们可以从脉冲响应分析图中得到某个内生变量的冲击对另一个内生变量产生的动态影响。在图 7-2 中，给央行信息披露一个正的冲击后，在第 2 期对股票收益率有最大负的影响，此后逐渐减弱，一直持续到第 6 期，从第 6 期开始产生微弱的正向影响，然后逐渐衰减为零。因此，短期内，央行信息披露在一定程度上有利于金融资产价格稳定。当在本期给央行信息披露一个正的冲击，从第 1 期开始对房地产价格产生负向影响，到第 2 期达到最大值，然后逐渐变弱，一直持续到第 6 期，第 7 期之后一直产生正向影响。当在本期给央行信息披露一个正的冲击，从第 1 期到第 9 期对居民消费价格一直具有负向影响。因此，在短期，央行信息披露不仅可以减少金融资产价格波动，还对房地产价格以及居民消费价格产生一定影响。

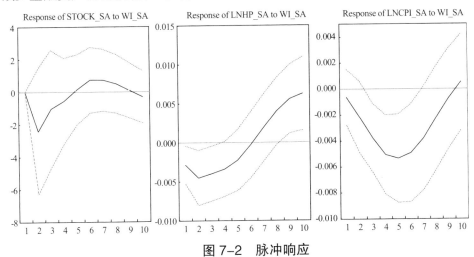

图 7-2　脉冲响应

4. 方差分解分析。方差分解分析可以用来反映一个内生变量冲击对另一个内生变量的贡献率。由表7-2可知，在央行信息披露、法定存款准备金率和一年期贷款基准利率三种货币政策调控方式中，法定存款准备金率对股票收益率的方差贡献率最大，央行信息披露的方差贡献率次之，一年期贷款基准利率的方差贡献率最小。由此可见，传统货币政策工具并非都是维护股票市场稳定的有效工具，可能原因是社会公众的金融素养不高，不能完全理解中央银行的货币政策意图，使传统货币政策效果并不好。因此，除了传统货币政策工具，中央银行还应该重视信息披露对稳定金融资产价格的重要作用。

表 7-2　股票收益率的方差分解结果

时期	S.E.	STOCK	WI	DRR	RATE	LNHP	LNCPI
1	13.1284	100.0000	0.0000	0.0000	0.0000	0.0000	0.0000
2	14.5309	81.8800	2.7924	3.0992	0.4590	11.3979	0.3715
3	15.7030	70.4238	2.8210	8.2502	0.7669	13.0622	4.6759
4	16.2510	66.4408	2.7493	11.3745	0.7174	13.3411	5.3769
5	16.6150	66.4065	2.6387	12.1101	0.6986	12.9430	5.2031

续表

时期	S.E.	STOCK	WI	DRR	RATE	LNHP	LNCPI
6	16.7768	65.5883	2.7821	11.9354	0.6879	12.7736	5.2328
7	16.9134	65.8110	2.9228	11.9246	0.6806	12.8294	5.8315
8	17.0544	64.7276	2.9601	12.2522	0.6787	12.8439	6.5376
9	17.1661	64.1331	2.9245	12.5503	0.6872	12.7651	6.9398
10	17.2379	64.0605	2.9333	12.6096	0.7032	12.6618	7.0317

四、结论与建议

本节根据 2001 年第一季度至 2014 年第四季度中国人民银行网站披露的《货币政策执行报告》合成我国央行信息披露指数，建立 VaR 模型进行脉冲响应和方差分解分析，研究央行信息披露是否有助于金融资产价格稳定。实证结论显示：在短期，央行信息披露有利于金融资产价格稳定。因此，货币当局可以把信息披露作为一种非常规货币政策调控工具，纳入我国货币政策工具箱。为了使央行信息披露更有效地减少金融资产价格剧烈波动，本节提出以下政策建议。

1. 要提高央行信息披露的可信性和精准性。只有可靠的信息披露才能正确引导金融市场预期，为此，必须不断加强中央银行政策的独立性，做到言行一致。与此同时，中央银行披露金融资产价格的相关信息越准确、越迅速，货币政策效果越大，从而对金融资产价格波动的影响就更为明显。因此，在短期，有针对性和及时的信息披露有利于减少金融资产价格波动。

2. 要丰富信息披露内容和推进信息披露制度化建设。货币当局应该注意丰富我国《货币政策执行报告》中信息披露的内容，增加对金融资产价格稳定内容的披露。也可建立一个专门的信息披露机构，对中央银行披露的信息进行科学管理与评价，不断推进我国央行信息披露制度化建设，构建符合我国国情的央行信息披露制度，发挥央行信息披露稳定金融资产价格的最大效应。

3. 要注重经济主体金融知识的普及教育。当中央银行披露的关于金融资产价格稳定的信息传递到金融市场之后，不同市场参与者会根据中央银行披露的信息更新自己的信息集。只有市场主体正确理解央行信息披露的内容，才能使央行信息披露的信号渠道流畅传导，发挥央行信息披露前瞻性指引功能。可倡导金融培训机构以及证券、基金等金融机构市场化推广面向一般投资者的金融教育，不断提高市场主体的金融素养。

第二节　我国央行沟通的货币政策工具效力研究

一、理论模型与研究假设

央行沟通是银行风险承担渠道的主要作用机制之一，央行沟通策略与反应函数对银行风险承担渠道的传导效果具有重要影响（De Nicolò 等，2010）。央行沟通对银行风险承担的影响主要表现为透明度效应和保险效应。透明度效应是指中央银行通过及时公布行动措施等途径，利用提高货币政策透明度的方式增加市场参与主体的风险偏好和减消公众疑虑，最终降低风险溢价和扩大政策效果。透明度效应的大小由央行沟通的性质和中央银行信誉决定，中央银行信誉越好，中央银行承诺特征越强，透明度效应越大。如果市场参与主体认为中央银行反应行为是不对称的，即中央银行对资产价格下跌的反应要强于上升的反应，从这点来看，金融危机的爆发将促使中央银行采用积极的政策出手保护。于是，金融机构增加了风险暴露的可能性，提高了其风险承担水平，即发生"保险效应"（Altunbas 等，2009）。

央行沟通不仅影响货币政策风险承担渠道的传导效果（De Nicolò 等，2010），还会影响有限理性下的商业银行及其对待风险的态度。从货币政策风险承担渠道的传导机制来看，由于中央银行可以通过货币政策信息沟通的方式释放具有"前瞻性指引"的货币政策立场，所以研究央行沟通对商业银行风险承担的影响是可行的。本节参考凯恩斯的选美竞赛思想，同时借鉴 Morris 和 Shin（2002）的 M-S 模型，构建央行沟通影响商业银行风险偏好的理论模型，剖析央行沟通对银行风险承担的作用机制。银行风险偏好是银行风险态度的基本考量，假设商业银行服从 [0,1] 之间的均匀分布，商业银行 i 的一个风险偏好为 $p_i \in R$，用 p 代表所有商业银行的风险偏好，则商业银行 i 的效用函数为（李成和高智贤，2014）：

$$u_i(p,\theta) = -(1-w)(p_i-\theta)^2 - w(Q_i - \overline{Q}) \qquad (7\text{-}2)$$

式（7-2）中，θ 表示经济基本状态，w 连续且 $0 \leq w \leq 1$，$Q_i = \int_0^1 (p_j - p_i)^2 \mathrm{d}j$，$\overline{Q} = \int_0^1 Q_j \mathrm{d}j$。效用函数式（7-2）由两部分构成：第一部分福利损失 $(p_i - \theta)$ 是由商业银行的风险偏好 p_i 与经济基本状态 θ 之间的差异所导致；第二部分福利损失 $(Q_i - \overline{Q})$ 是商业银行本身存在一种推测其他参与主体的行动并尽量与所有参与主体保持同方向的意图，它是由商业银行行为差异 Q_i 与所有商业银行平均行为差异 $\overline{Q}$ 所引起的，商业银行 i 越独立，$(Q_i - \overline{Q})$ 越大。第一部分所占比重为 $(1-w)$，第二部分所占比重为 w。

对商业银行 i 自身来说，其最优风险偏好 p_i^* 由式 7-3 决定：

$$P_i^* = (1-w)E_i(\theta) + wE_i(\overline{p}) \qquad (7\text{-}3)$$

根据效用最大化的一阶条件，对式（7-2）求一阶导数可得式（7-3）。其中，$\overline{p} = \int_0^1 p_j \mathrm{d}j$，它表示所有商业银行风险偏好的平均值，$E_i(\cdot)$ 为商业银行 i 接受沟通信息后获得的期望因子。一般来说，中央银行与商业银行进行信息沟通时，商业银行面临着公共信息 y 和个人信息 x_i。公共信息 $y = \upsilon + \eta$，$\eta = \eta_1 + \eta_2$，其

中 $\eta_1 \sim N(0, \sigma_{\eta_1}^2)$，$\eta_2 \sim N(0, \sigma_{\eta_2}^2)$，$\eta_1$ 代表中央银行自身的理解偏差，η_2 代表中央银行故意不告知的私人信息，设 $\sigma_\eta^2 = \sigma_{\eta_1}^2 + \sigma_{\eta_2}^2$，则 $\eta \sim N(0, \sigma_\eta^2)$，其准确度 $\alpha = 1/\sigma_\eta^2$。个人信息 $x_i = \theta + \xi_i$，$\xi_i \sim N(0, \sigma_\xi^2)$，其准确度 $\beta = 1/\sigma_\xi^2$。当商业银行接受公共信息 y 和私人信息 x_i 后，经济基本状态和其他商业银行的预期值为

$$E(\theta|x_i, y) = E(x_j|x_i, y) = \frac{\beta x_i + \alpha y}{\alpha + \beta} \qquad (7\text{-}4)$$

一个简单的方法是假设经济主体的最优决策是关于沟通的公共信息 y 和私人信息 x_i 的线性组合，线性均衡解具有唯一的均衡解（卞志村和张义，2012）。所以，商业银行 i 的最优解为

$$p_i^* = kx_i + (1-k)y \qquad (7\text{-}5)$$

由式（7-5）可知，商业银行 i 对其他商业银行的平均最优解为

$$E_i(\overline{p^*}|x_i, y) = k\frac{\beta x_i + \alpha y}{\alpha + \beta} + (1-k)y \qquad (7\text{-}6)$$

把式（7-4）和式（7-6）代入式（7-3）中可得：

$$p_i^* = \frac{\beta(1-w+wk)}{\alpha+\beta}x_i + \frac{(\alpha+w\beta-w\beta k)}{\alpha+\beta}y \qquad (7\text{-}7)$$

比较式（7-5）和式（7-7）的系数可知，$k = \dfrac{\beta(1-w)}{\alpha+\beta(1-w)}$。所以，商业银行的最优解即最优风险偏好为

$$p_i^* = \frac{\beta(1-w)}{\alpha+\beta(1-w)}x_i + \frac{\alpha}{\alpha+\beta(1-w)}y = \varphi(y)，\quad \frac{\partial\varphi(y)}{\partial y} > 0 \qquad (7\text{-}8)$$

由式（7-8）可知，正向公共信息 y 与商业银行的最优风险偏好 p_i^* 成正比。由此可以得到：在其他条件不变的前提下，央行沟通的正向信息越多，银行风险偏好越大。

因此，根据以上理论分析，本节提出以下假设：央行沟通的正向信息与银行风险承担成正比。

二、变量与数据说明

（一）央行沟通指数的构建

如何对央行沟通进行科学测度是实证分析的关键，国内已有多位学者通过解读《货币政策执行报告》量化了我国央行沟通。《中国货币政策执行报告》是人民银行针对我国货币政策实际执行情况定期发布的报告，它深入剖析当前宏观金融经济形势，详细阐述货币政策操作情况，并进一步披露下一阶段货币政策取向，如今已经成为我国货币当局进行货币政策信息沟通的核心渠道（林建浩和赵文庆，2015）。虽然《货币政策执行报告》中没有央行沟通的确切数值，但报告中每一个措辞的变化都会对经济主体提供有价值的信息。因此，本节借鉴林建浩和赵文庆（2015）的做法，根据《中国货币政策执行报告》以及 Heinemann 和 Ullrich（2007）提出的措辞提取法构建我国央行沟通指数，为后面的实证研究奠定基础。

中国人民银行从 2001 年开始在其官方网站按季度公布《货币政策执行报告》，但仔细阅读《货币政策执行报告》可以发现，2004 年以前每期《货币政策执行报告》的页数只有 20 页，但 2004 年以后每期《货币政策执行报告》的页数均在 45 页左右，而且 2004 年至 2014 年我国货币政策经历了一个完整的紧缩与宽松的周期变化。因此，为了减少央行沟通自身因素影响，本节整理出 2004 年第一季度至 2014 年第四季度（共 44 个季度）《中国货币政策执行报告》正文部分（为了统一并避免措辞重复，不包括内容提要和专栏）出现的反映我国央行沟通情况的措辞，然后利用 SPSS 统计软件分析并计算出我国央行沟通指数，具体构建过程如下：

1. 通读《货币政策执行报告》，提取与统计关键措辞。为了有效表达人民银行货币政策的执行效果和意图，必须尽可能地选择具有代表性的措辞。通过阅读每期《货币政策执行报告》，参考卞志村和张义（2012）以及李成和高智贤（2014）所提取的措辞，本节选择了宏观经济形势、物价状态、货币政策意图和流动性状况等 12 类关键措辞[①]，然后根据所选措辞分别统计其在每期《货币政策执行报告》中出现的次数。

2. 利用 SPSS 统计软件，采取方差分析的方法对措辞进行筛选。通过 ANOVA 单因素方差分析排除不显著的措辞，保留所有有区分度的措辞。通过表 7-3 可以看出，在 5% 的显著性水平下，"通缩""稳健""扩大内需""流动性过剩"四类措辞都不显著，其他措辞均显著。因此，把所有显著措辞纳入合成央行沟通指数的备选措辞，各类措辞方差分析结果见表 7-3。

表 7-3　方差分析结果

措辞类型	F 统计值	显著度	η^2
形势良好	10.4112	0.0000	0.3368
形势低迷	14.8061	0.0000	0.4194
形势一般	6.7866	0.0028	0.2487
通货膨胀	10.5967	0.0002	0.3408
通货紧缩	1.6639	0.2019	0.0751
政策从紧	3.6897	0.0336	0.1525
稳健	2.8714	0.0681	0.1229
上调（利率或准备金）	16.2571	0.0000	0.4423
下调（利率或准备金）	11.8698	0.0001	0.3667
扩大内需	1.9602	0.1538	0.0873
流动性不足	3.6538	0.0347	0.1513
流动性过剩	1.5587	0.2226	0.0706

注：η^2= 组间离均差平方和 / 总离均差平方和。

3. 仔细阅读《货币政策执行报告》，划分货币政策区制。根据《货币政策执行报告》中的三大货币政策工具（利率、法定存款准备金率和公开市

[①] 由于篇幅限制，未列出具体措辞表述，如有需要可向作者索取。

场操作）实际执行情况，同时参考广义货币供应 M_2 增长率变化与预期调控目标的差异，将货币政策划分为以下三个区制：区制1（扩张政策）、区制2（中性政策）和区制3（紧缩政策）。货币政策区制具体划分情况见表7-4。

表7-4　货币政策区制划分表

时期	区制	时期	区制	时期	区制	时期	区制
2001 年 1 月	2	2004 年 3 月	3	2008 年 1 月	3	2011 年 3 月	3
2001 年 2 月	2	2004 年 4 月	2	2008 年 2 月	3	2011 年 4 月	1
2001 年 3 月	2	2005 年 1 月	1	2008 年 3 月	1	2012 年 1 月	1
2001 年 4 月	1	2005 年 2 月	2	2008 年 4 月	1	2012 年 2 月	1
2002 年 1 月	1	2005 年 3 月	2	2009 年 1 月	1	2012 年 3 月	1
2002 年 2 月	2	2005 年 4 月	3	2009 年 2 月	1	2012 年 4 月	2
2002 年 3 月	2	2006 年 1 月	3	2009 年 3 月	1	2013 年 1 月	2
2002 年 4 月	2	2006 年 2 月	3	2009 年 4 月	1	2013 年 2 月	2
2003 年 1 月	2	2006 年 3 月	3	2010 年 1 月	3	2013 年 3 月	2
2003 年 2 月	2	2006 年 4 月	3	2010 年 2 月	3	2013 年 4 月	2
2003 年 3 月	2	2007 年 1 月	3	2010 年 3 月	3	2014 年 1 月	2
2003 年 4 月	3	2007 年 2 月	3	2010 年 4 月	3	2014 年 2 月	2
2004 年 1 月	3	2007 年 3 月	3	2011 年 1 月	3	2014 年 3 月	2
2004 年 2 月	3	2007 年 4 月	3	2011 年 2 月	3	2014 年 4 月	2

4. 进行区制比较，挑选具有差异性的措辞。为了保证不同措辞在不同货币政策区制中具有差异性，需要进行不同区制间的两两比较。只有通过不同政策期比较后具有单调性且显著的措辞，或者扩张政策（紧缩政策）期与中性政策期比较的符号不同但其明显不显著的措辞才能够用来构建央行沟通指数。通过表7-5可知，措辞"形势良好""政策从紧""上调（利率或准备金）"在货币政策三个区制下不具有一致单调性或者不满足显著性要求。

因此，我们将"形势低迷""形势一般""通货膨胀""下调（利率或准备金）""流动性不足"五类措辞纳入构建央行沟通指数的最终措辞。

表 7-5　措辞区制比较结果

措辞类型	区制（I）	区制（J）	平均差（I-J）	显著性水平
形势良好	1	2	-0.6288	0.5942
	1	3	-4.1645*	0.0003
	2	3	-3.5357*	0.0012
形势低迷	1	2	10.1742*	0.0000
	1	3	9.3766*	0.0000
	2	3	-0.7976	0.6690
形势一般	1	2	-1.0909	0.2452
	1	3	1.7662*	0.0383
	2	3	2.8571*	0.0009
通货膨胀	1	2	1.0227	0.7502
	1	3	-10.0606*	0.0010
	2	3	-11.0833*	0.0003
政策从紧	1	2	-0.4924	0.4003
	1	3	-1.3377*	0.0132
	2	3	-0.8452	0.1000
上调（利率或准备金）	1	2	-1.5985	0.2882
	1	3	-6.8485*	0.0000
	2	3	-5.2500*	0.0002
下调（利率或准备金）	1	2	4.7500*	0.0495
	1	3	10.0000*	0.0000
	2	3	5.2500*	0.0136
流动性不足	1	2	0.5152	0.5098
	1	3	-1.1991	0.0901
	2	3	-1.7143*	0.0145

注：* 表示在 5% 的显著性水平下显著。

5. 利用公式计算央行沟通指数。参考 Heinemann 和 Ullrich（2007）构建央行信息披露指数所使用的公式，本节所使用的公式如下：

$$wi_t = \sum_{i=1}^{n} sign(x_i) \frac{nobs(x_{i,t}) - meanobs(x_i)}{std(x_i)} \eta^2(x_i) \qquad (7\text{-}9)$$

根据式（7-9），首先根据不同措辞在不同区制下出现频率的大小确定措辞符号，取正号的措辞类型有："形势低迷""形势一般""下调（利率或准备金）"，取负号的措辞类型是"通货膨胀""流动性不足"。对确定正负（sign）的各类措辞进行标准化处理，然后乘以措辞权重（η^2），最后加总求和得到央行沟通指数的时间序列数据。最终构建的央行沟通指数如图7-3所示，从图7-3可以看出，央行沟通的正向信息越多（释放宽松的货币政策立场），央行沟通指数值越大。

图7-3　2004年至2014年央行沟通指数

（二）指标选取与数据来源

1. 银行风险承担变量

在已有文献中，能够衡量商业银行风险承担的指标包括预期违约率、不良率、贷款损失准备金占总贷款的比重和Z值等指标。本节借鉴张雪兰和何德旭（2012）做法，利用不良贷款率这个风险承担事后指标作为银行风险承担的代理变量。由于银行不承担风险的受托贷款等不计提贷款损失准备，所以利用贷款损失准备占总贷款的比重这个风险承担事前指标进行模型稳健性检验。参照 Delis 和 Kouretas（2011），本节将风险承担变量的滞后一期纳入模型的构建。

2. 银行特征变量

为了有效识别央行沟通的影响，还需要注意银行微观特征，本节选择银行资本充足率、资产收益率以及存贷比三个控制变量作为银行特征相关变量。资本充足率是影响银行风险承担意愿的重要因素，资本充足率代表资本水平，过低的资本充足率不利于银行进行风险调控。资产收益率是净利润与总资产的比值，代表银行的盈利水平。如果银行盈利能力较强，银行为了获取收益而愿意承担更多风险的意愿就较弱；反之，盈利能力较差的银行为了获取更多收益可能会铤而走险。因此，盈利能力会对银行风险承担意愿产生重要影响。存贷比率可以反映银行的业务经营风险特征，在一定程度上影响银行风险承担。

3. 宏观经济变量

通货膨胀率影响实际利率水平，最终影响资产的收益率以及风险定价。上市银行的脆弱度与资本市场发展状况具有相关关系，资本市场与银行信贷市场存在风险的转移与互动。因此，有必要把这两个变量作为控制变量纳入模型。

由于中国农业银行自身发展原因和光大银行数据缺失，本节的研究样本是 16 家上市银行中剩余的 14 家上市商业银行。时间选择方面，基于数据一致性，研究的样本期是 2004 年至 2014 年。数据来源方面，银行相关变量均来源于 Wind 数据库和各上市银行年报，货币政策和宏观经济变量均来源于中宏网数据库和中国人民银行网站，所有变量定义与名称如表 7-6 所示。

表 7-6 变量的名称与定义

研究变量	变量符号	变量名称	变量定义
因变量	NPL	不良贷款率	不良贷款占总贷款余额比重 ×100
	LRL	贷款损失准备占比	贷款损失准备占总贷款比重 ×100

研究变量	变量符号	变量名称	变量定义
解释变量	WI	中央银行沟通	央行沟通指数
控制变量	CAR	资本充足率	资本总额 / 风险加权资产 × 100
	ROA	资产收益率	净利率与平均资产总额之比 × 100
	LTD	存贷比	贷款总额 / 存款总额 × 100
	CPI	通货膨胀水平	全国居民消费价格指数
	STOCK	资本市场状况	上证综指年收益率 × 100

三、实证分析

（一）计量模型的构建

根据银行风险承担的持续性特征，参考 Delis 和 Kouretas（2011）设定的实证模型，本节建立以下的动态面板模型：

$$RISK_{i,t} = \beta_1 RISK_{i,t-1} + \beta_2 WI_{i,t} + \beta_3 CAR_{i,t} + \beta_4 ROA_{i,t} + \beta_5 LTD_{i,t} + \beta_6 STOCK_{i,t} + \beta_7 CPI_{i,t} + \mu_{i,t} \qquad (7\text{-}10)$$

式（7-10）中，因变量 $RISK$ 代表银行风险承担，本节选取不良贷款率（NPL）和贷款损失准备占比（LRL）两个指标；解释变量 WI 代表我国中央银行沟通；控制变量主要包括资本充足率（CAR）、资产收益率（ROA）、存贷比率（LTD）、资本市场状况（STOCK）以及物价水平（CPI）。

（二）实证结果与分析

在动态面板模型估计之前，为了避免"虚回归"，必须保证面板数据是平稳的。对每一家银行来说，央行沟通指数、居民消费价格指数以及资本市场状况都是一致的，因此本节围绕银行有关变量进行单位根检验。通过单位根检验发现，因变量 NPL 和 LRL 存在单位根，其他银行相关变量均不存在单位根，对 NPL 和 LRL 取对数后再进行单位根检验，结果显示 LNNPL 和

LNLRL 均是平稳序列，排除了模型存在"伪回归"的可能。表 7-7 为各个变量的描述性统计结果。

表 7-7　描述性统计结果

研究变量	变量名	均值	标准差	最小值	最大值
因变量	LNNPL	0.2927	0.7334	-1.1087	3.0521
	LNLRL	0.8432	0.3191	-0.3425	2.7813
自变量	WI	5.42e-09	0.8668	-1.1573	1.2128
控制变量	CAR	11.6821	3.2565	2.3	30.67
	ROA	1.2292	0.3411	0.1	1.89
	LTD	67.3091	6.9584	47.43	83.78
	CPI	103.0091	1.8402	99.3	105.9
	STOCK	7.0045	51.3054	-106.11	83.48

为了克服被解释变量滞后项和其他解释变量可能存在的内生性问题，避免出现估计参数的有偏性和非一致性。本节利用系统 GMM 估计法对实证模型进行估计。首先使用不良贷款率作为银行风险承担变量的度量指标进行模型估计，表 7-8 为模型估计结果。由残差二阶自相关检验结果可知，扰动项无自相关。由过度识别检验结果可知，所有工具变量是有效的。因此，本节所建立的动态面板模型具有合理性。

表 7-8　模型估计结果与稳健性检验结果

因变量 RISK	LNNPL	LNLRL（稳健性检验）
RISK（-1）	0.8748***	0.4847***
	（0.0398）	（0.1054）
WI	0.0596***	0.0392***
	（0.0196）	（0.0144）
CAR	-0.0214*	-0.0025
	（0.0128）	（0.0098）

续表

因变量 RISK	LNNPL	LNLRL（稳健性检验）
ROA	0.7377***	0.3190***
	（0.0902）	（0.1174）
LTD	-0.0173**	-0.0215***
	（0.0068）	（0.0041）
CPI	0.0036	0.0154**
	（0.0109）	（0.0070）
STOCK	0.0014***	0.0005*
	（0.0004）	（0.0003）
N	140	140
AR（2）（p 值）	0.6968	0.6444
Sargan（p 值）	1.0000	1.0000

注：小括号内数字为标准误差，*、**、*** 分别表示在 10%，5% 和 1% 的水平上显著。

从表 7-8 中的回归结果可以看出，解释变量对被解释变量的影响与假设一致，即央行沟通对银行风险承担具有显著的正向影响。因此，在其他因素不变的情况下，央行沟通的正向信息越多，银行风险承担越大。这不仅证明央行沟通具有货币政策工具效力，还提示我国央行沟通必须关注金融稳定，为该领域的研究提供了新的证据。

（三）稳健性检验

考虑到银行风险承担度量方法的不同对模型回归结果的影响，本节利用贷款损失准备占总贷款的比重代替不良贷款率进行模型稳健性检验，回归结果见表 7-8。从表 7-8 中可以看出，采用贷款损失准备占比的估计结果及显著性与不良贷款率的回归结果及显著性基本保持一致。央行沟通对银行风险承担的影响也是正向的，主要控制变量的显著性和符号与之前基本一致。同时，过度识别检验结果表明所有工具变量是有效的，AR（2）检验说明随机扰动项不存在显著的序列相关。因此，本节所建模型稳健性较好。

四、结论与建议

本节首先利用M-S模型理论剖析央行沟通对银行风险承担的作用机制，然后根据措辞提取法合成我国央行沟通指数，以14家上市商业银行不良贷款率作为银行风险承担的度量指标，在货币政策传导银行风险承担渠道的基础上，利用动态面板模型实证研究央行沟通对银行风险承担的影响，间接考察我国央行沟通的货币政策工具效力。结果发现，央行沟通对银行风险承担具有显著的正向影响，央行沟通的正向信息越多，银行风险承担意愿越大。这表明，从金融稳定角度看，央行沟通并非风险中性。因此，央行沟通不仅具有货币政策工具效力，还应该关注金融稳定目标。为了保证模型的稳健性，本节利用贷款损失准备占比作为另一个银行风险承担的度量指标，对模型重新估计，结果发现模型具有较好的稳健性。

根据实证研究结论，本节提出以下几点政策建议。第一，货币当局应该重视央行沟通的作用，将央行沟通纳入我国非常规货币政策工具箱。目前，传统货币政策工具的使用空间已经非常有限，而央行沟通不仅可以有效管理公众预期，还可以引导商业银行等金融中介转变风险偏好。为了发挥央行沟通的积极作用，还应该注意央行沟通与传统货币政策调控工具的协调配合，以丰富我国货币政策菜单组合。第二，逐步把央行沟通纳入我国宏观审慎监管框架，完善宏观审慎管理制度框架下的货币政策设计。宏观审慎政策并不是维护金融稳定所有政策的集合，央行沟通对金融稳定具有重要影响。作为宏观审慎管理者的央行，应该重视其信息沟通对维护金融稳定的重要性，支持"十二五"规划提出的"构建逆周期的金融宏观审慎管理制度框架"。第三，增加央行沟通的可信性和准确性，不断提高央行沟通的货币政策工具效力。首先，货币当局应该树立央行信誉，确保央行沟通内容的可信性，做到言行一致。其次，针对不同的经济主体采取不同的沟通方式，不断丰富《货币政策执行报告》的沟通内容，灵活运用多种沟通渠道与技巧，积极寻求我国央行沟通内容、渠道、时机和频率最有效的策略组合，不断提高我国央行沟通的精准性。最后，设立统一专业的沟通机构，科学管理与评价央行沟通情况，不断推进我国央行沟通制度化建设，发挥央行沟通的最大货币政策工具效力。

第八章
金融市场发展建议

第一节 问题的提出

金融强国是经济强国的必要条件，而要建设金融强国必须构建一个高效有序、管理规范、合作共赢、发达完善的多层次资本市场，实现投资、融资功能的协调发展。中国高层高度重视多层次资本市场的建设，国务院的《国民经济和社会发展第十二个、十三个五年规划纲要》均提到要加快发展多层次资本市场的建设，提高直接融资比例。国家主席习近平在 2015 年 11 月 10 日主持召开的中央财经领导小组第十一次会议上，对股票市场的发展提出了四项要求，国务院总理李克强在多种场合提出要大力发展多层次资本市场。中国正进入经济新常态，在新的经济形势下，面临着很多新的任务、困难，中国也正在进行供给侧改革，那么金融市场也要进行供给侧改革，提供优质金融产品，为投资者提供优质投资渠道，为融资者提供优质筹资渠道。在这个背景下研究中国多层次资本市场建设具有很强的现实意义。资本市场的建设和发展是实现金融强国、提高居民收入水平、为创新提供资金支持的重要载体，是解决融资难、资产短缺并存，为"大众创业、万众创新"提供金融支持的重要载体。

已有很多文献研究了中国的多层次资本建设问题以及注册制方面的探讨。胡海峰和罗惠良（2011）分析了我国多层次资本市场存在的问题、生成机理以及下一步发展问题。惠建军（2015）论述了多层次资本市场的建设与小微企业健康发展之间的关系，一方面通过多层次资本市场的合理定位可以解决小微企业的融资难问题；另一方面，小微企业也要通过提高创新能力反哺多层次资本市场建设。刘现伟（2014）认为应该建立完善的多层次资本市场并以此促进各类资本的合理流动。俞俊利和章立军（2015）分析了中国注册制改革的背景、措施以及经济效应。谢百三和刘芬（2014）基于国内外实践对比分析了注册制和核准制的股票发行方式的优劣性，针对中国现实情况分析了我国实行注册制可能会遇到的风险，并提出应对策略。沈伯平（2015）分析了注册制施行的必要条件，认为既要关注推行注册制的风险又要关注不推行注册制可能带来的代价。饶明和何德旭（2015）探究了中国股票市场上体制因素和市场因素的博弈，认为要减少政府对市场的直接干预，创造条件，逐步加大市场因素的作用。张幼林（2016）探讨了北京多层次资本市场的现状和发展趋势，展望了北京"十三五"时期多层次资本市场的发展设想，并提出有针对性的建议。况昕（2016）分析了新形势下推行注册制的必要性，并从多个方面论述了推行注册制过程中需要注意的问题。汤欣和魏俊（2016）对比分析了注册制在不同国家和地区的区别，并讨论了美国模式和香港模式对中国的适应性。吴晓灵（2016）从过度杠杆、多空不均衡等五个角度分析了我国股市波动幅度大的深层次原因，并提出要构建中国多层次资本市场等有针对性的建议。

现有研究仅从某些方面，本章从多维度分析了经济新常态下的中国资本市场运行情况，基于经济新常态特征和供给侧改革的背景，在探究中国资本市场发展不足的基础上，提出针对性建议。本章下面部分的结构安排如下：第二部分分析了中国经济新常态的特征和中国资本市场的发展情况。第三部分剖析了中国资本市场存在的问题。第四部分是针对前面分析的不足，基于中国经济新常态背景分析了大力发展中国资本市场的对策建议。

第二节 中国经济新常态与中国资本市场发展情况

一、中国经济新常态

1. 中国经济增速变化情况

图 8-1 反映的是中国从 1992 年到 2015 年的年度经济增长率，从图 8-1 可以看出，在经济新常态背景下，国内经济发展趋缓，中国经济增长速度由高速变成中高速，以前很多年份的经济增长率都是 2 位数以上，至少在 7% 以上，2015 年首次突破 7%，但是要实现 2020 年比 2010 年国内生产总值翻一番的目标，增速也要保持在 6.5% 以上，所以经济新常态只是增速降低，由高速变为中高速。

数据来源：中经网统计数据库。

图 8-1 中国经济增长速率（1992—2015）

159

2. A 股市值占 GDP 之比

一方面中国正由高速增长变为中高速增长，另一方面由要素驱动变为技术驱动、创新驱动，同时更注重经济结构的优化升级，而要实现这个转变必须要有金融创新作为支撑，金融创新可以有效配置资源、提高效率，而资本市场的建设是金融创新的重要载体。

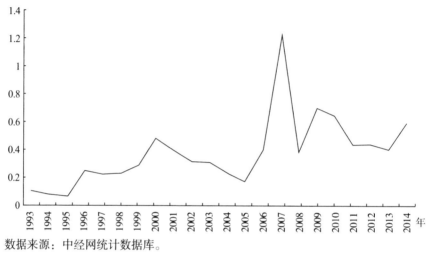

数据来源：中经网统计数据库。

图 8-2　A 股市值与 GDP 之比的变化情况

图 8-2 反映的是 A 股市值占 GDP 之比的变化情况，从图 8-2 可以看出，这个比值总体是上升的，于 2007 年达到最大值，甚至超过了 1，由于美国次贷危机等国际经济危机，中国股市出现了断崖式下跌，于 2008 年达到阶段性低点，其后虽然有波动，但是基本保持稳定，处于 0.6 的比率之下，说明我国资产证券化水平还不高，公众对股票市场的信心还不足，资本市场的作用还有进一步深入发展的空间和必要性。

二、中国股票发行机制的历史变迁

中国股票发行机制经历了从审批制到核准制的变迁，审批制侧重于行政主导，核准制侧重于市场化方向，强化证券公司的中介作用，核准制又经历了两个阶段：通道制（2001—2004年）和保荐人制（2004年—至今）（证监会研究中心，2013），正在创造条件向注册制推进。纵观中国股票发行机制的发展，一次比一次合理，有进步，但目前还是存在权责不对等，证监会管得太多等问题，企业把精力都放在如何上市上，而如何回报投资者考虑过少。推行注册制，虽然上市的企业会增多，但是政府通过转变观念，集中精力监管企业信息披露真实性，让市场充分发挥作用，有助于发现优质企业，促进优质企业的快速发展，最终让投资者也能分享整个社会资源有效配置得到的全要素生产率提高而带来的好处。推进股票发行的注册制改革，一方面促进创新，给大众创业提供机会和回报，促进经济转型、环保等新兴行业的大发展；一方面，给投资者回报，通过资本市场创新实现资源有效配置、提高全要素生产率、增强股市的回报能力。

三、中国资本市场发展情况

中国股市暴涨暴跌，近几年犹如过山车，2007年10月16日中国上证指数达到6124的历史最高点，其后在美国次贷危机的影响下，快速下跌，于2008年12月1日下跌到1838点，以后又于2009年8月4日达到高点（3478），其后又于2012年12月4日下调至1949点。2014年中旬开始了新一轮牛市，这一轮牛市的显著特点是资金推动，金融杠杆在牛市形成过程中起到重要作用，于2015年初开始，管理层开始提醒风险，严查场外配资，股指快速回调，在政府救市的背景下，上证综指也于2015年8月跌至2850的点位。政府也停止了ipo，虽然救市取得了一定效果，避免了系统性金融风险的发生，但是也造成很多已经通过的企业无法上市，很多规划的项目无法实行。

近年来，新三板得到了快速发展，2012年新三板实现了从北京到全国的扩容，2013年是新三板的制度发展年，2013年国家出台了一系列新三板制度。2014年和2015年新三板上市家数和金额得到快速发展，2014年之前新三板上市的企业不超过300家，但是到了2015年6月已经突破2000家，2015年7月21日是一个分界点，在此之前中国的多层次资本市场是倒三角形，在此之后与美国等发达国家一样，是正三角形。

大力发展市场化，提高市场化改革，不是放任自流，在特殊时期要及时果断干预，采取一些应急措施。但也要避免让投资者形成只要股市跌，政府就会救市的预期，增强投资者风险意识和识别能力。建立平准基金，平抑市场过度波动，使平准基金做真正的价值投资者，在市场过度繁荣，泡沫严重时抛售股票，市场严重恐慌，价值低估时购买股票。纵观中国股市，无论是上海证券市场还是深圳证券市场都经历过暴涨暴跌的过程，但是整体增值幅度还是比较大的。除了2007年那一轮牛市的高点没有被突破之外，整体来看，股指是震荡上行的，综合来看也反映了国民经济增长，股指上行幅度与国民经济增长幅度基本一致。平准基金赚取的股息收入一方面留作资本金扩大平准基金规模，另一方面用于社会保障资金。创造条件，积极鼓励社保基金进入资本市场。

四、经济发展与资本市场的互动关系

经济新常态的重要特征之一是驱动因素由要素驱动转变为创新驱动，而资本市场的股权激励机制可以作为创新驱动的一个重要载体和激励机制。通过资本市场的发展，一方面可以完善融资和投资渠道，为企业和社会公众提供更优质、高效的投融资渠道；另一方面，可以通过资本溢价和股权激励激发公众的创新创业热情，为技术创新提供资金和激励支持。为适应经济新常态，中国正在进行供给侧改革，提高供给质量和层次，化解供需失衡矛盾，优化和完善供需结构。供给侧改革的重要一环是金融供给侧改革，这些都需要大力发展多层次资本市场，通过多层次资本市场建设更好地适应新常态，成为金融供给侧改革的前沿阵地和载体。经济发展与资本市场互为条件、互相促进。经济发展需要发达和完善的资本市场，而资本市场的发展也需要经济基础。通过资本市场的建设推动利率市场化，汇率市场化改革的进程和效率。通过资本市场实现政府管制利率与市场化利率的互动，通过汇率市场化，增强人民币汇率波动幅度，逐步实现人民币国际化。增强利率、汇率等宏观调控手段与资本市场的有效互动。

第一，资本市场的建设可以有助于化解融资难与投资难并存的问题，增强金融为实体经济服务的能力。通过多层次资本市场的建设，让主板承担投资功能，新三板承担融资功能，资本市场的两个功能都要完善。让稳健投资者进入主板市场，通过资本市场实现保值增值，而且倡导长期价值投资理念，这样有利于居民配置资产，分享经济增长果实，也有利于公众合理安排消费，例如有的投资者年轻时工资高，但是没有时间旅游等消费，可以每年拿出一部分钱投资于资本市场，实现增值，到退休时，工资降低，但是可以通过资本市场的收益提高生活质量，也就是通过资本市场让现在的钱转移到将来使用，而且得到保值增值。建设体系完善的多层次资本市场，大力发展适合中国国情的场外市场，对风险大的新三板要继续完善适当性管理，积极培育合格投资者，设立专门投资新三板的基金，让达不到新三板投资要求的投资者有更多渠道间接投资新三板。打通不同层次资本市场的互通条件，鼓励达到主板要求的新三板企业进入主板市场。

通过多层次资本市场的发展，不仅为优质企业提供资金来源，而且还可以解决资产短缺问题，为老百姓提供优质资产选择权，也会避免房地产价格的过度上涨和房地产市场的过度繁荣。通过多层次资本市场的发展，提高直接融资比例，大力发展绿色金融债券、可转换债券、优先股、通货膨胀保值债券等新型金融工具，既拓展企业融资渠道，又增加公众投资渠道，还能体现政府意图，传递宏观信息，提高宏观调控的效果和效率，也避免直接调控可能会带来的震荡。

第二，资本市场的建设可以为经济结构、产业结构的优化、转型和升级提供支撑。通过多层次资本市场发展为经济转型，经济增长，环境保护服务，引导资金流向环保、新能源等新兴有朝气行业，鼓励环保企业上市，通过资本市场的优胜劣汰，倒逼经济转型，淘汰没有潜力的落后企业，发展符合时代发展要求的新兴行业。一方面，国家通过出台鼓励新兴产业规划，为环保等部门发展提供制度保障；另一方面，加大环保等行业的投资，提高这些行业的获利能力，与此同时，加大这方面的宣传，通过预期引导资金流向这些行业。

通过资本市场发展有效配置资源，提高资源使用效率。把资本市场发展与增强公众消费能力，改善社会保障水平、环境治理等结合起来，实现经济、环境的协调发展。通过资本市场的健康发展使公众敢于消费、乐于消费、促进环保行业的大发展，同时也提供了更多创业机会，有利于全民创业，提高全要素生产率。

第三，经济发展也可以反哺资本市场的健康发展。资本市场为经济发展提供资金支持，有利于创新，提高效率，而资本市场的可持续健康发展也有赖于经济发展。只有经济健康发展、实现财富增值，才能提升资本产品价格，给投资者带来实惠和回报，促进资本市场的可持续发展。股票等资本市场发展是经济发展的晴雨表，资本市场的发展情况最终还是依赖于经济发展情况。

第三节　中国资本市场存在的问题

根据范从来和邢军峰（2013）的研究，中国自 1994 年开始，已经进入资产短缺阶段，尤其是优质金融资产的短缺，造成了公众的钱无处投资。缺乏投资渠道的公众资金或者通过游资炒作有关商品，这一方面使得有关商品具有金融属性，促进了商品金融化；另一方面使得有关商品，比如普洱茶、红木家具等价格暴涨暴跌，或者使得公众的资金被迫进入房地产市场，拉动了房地产价格，形成房地产泡沫，而高企的房价不仅形成了社会不公，加剧了贫富分化，抑制了购房者、潜在购房者的消费意愿和能力，也使得地方政府的财政收入很多依赖于土地转让费等与房地产相关行业的税费收入，地方政府过于热衷于土地开发，而减少了对其他行业的关注和支持，这对其他行业具有挤占效应。

近年来，中国资本市场得到了非常好的发展，但是也还存在一些不足、值得进一步完善的地方。

（一）场外市场不发达

与美国等发达国家相比，我国多层次资本市场建设还需要进一步完善，美国的多层次资本市场，场外市场发达，而中国的场外市场刚起步，企业上市主要集中在主板，而主板市场又有严格的要求，对盈利等都有很高要求。另外中国主板市场的股票发行方式采取的是核准制，进一步限制了企业上市的难度。这样资本市场在解决融资难、融资贵等问题方面的作用有限。下一步在股票的发行机制方面，中国需要变革股票发行方式，实行注册制，在多层次资本市场方面，需要大力发展新三板等场外市场。

（二）股票发行方式跟不上时代要求、不能很好地满足经济新常态的要求

股票发行主要有核准制和注册制两种方式，目前中国采取的仍然是核准制，证监会承担了更多的实质性审查责任，而企业的信息披露要求还是过低，需要上市的企业经常花大量的精力来攻关，而证监会也要花大量的时间来审查企业的盈利能力。

（三）国内外资本市场的投融资功能有待均衡发展

中国一直过于重视资本市场的筹资功能，而对于上市公司分红的硬性规定过少、过宽。对于外资方面，中国以前过于关注吸引外资的理念和做法。中国以前借助资源优势和人口红利，通过廉价劳动和成本优势，虽然出口占

优势，但是处于全球产业链和价值链中的低端，虽然经济增长率非常高，但是也带来了环境污染等一系列问题，下一步要通过多层次资本市场建设，提升在全球产业链和价值链中的层次和级别。

（四）金融创新和监管力度不足

中国金融衍生品市场发展相对比较滞后，金融市场上套期保值手段、规避风险的工具还不是特别发达，例如通货膨胀型债券、优先股、期权等金融产品的种类还不丰富。金融监管方面，一方面规定多而细，另一方面对于现有的规章制度没有严格执行，有一些投资者打着金融创新的旗号，而实际进行的是违规的行为。

（五）投资者专业知识匮乏，专业投资机构缺乏

中国投资者独立性差，过于依赖政府，而且喜欢跟风，经常出现赚了高兴，亏了就骂政府的情形。投资者风险意识不强，风险识别管理能力不强，偏好投机而不是投资。与此同时，中国资本市场还是以散户为主，专业机构占比不高。

（六）调控方式中前瞻性引导不足，信息透明度有待加强

对证券市场的调控很多是基于股票涨跌后的情形，相关调控措施出台前没有进行压力测试，而是针对股票的已经产生的涨跌情况采取的事后应对措施。中小投资者了解上市公司的信息渠道和途径还有待加强，上市公司信息违规披露的处罚力度还有待加强。

第四节 经济新常态背景下大力发展多层次资本市场的建议

经济新常态出现了很多新特征，无论是经济增长驱动因素还是治理思路都要适应新常态。金融改革和发展要适应经济新常态，也要进行金融供给侧改革，从供给端发力。经济新常态对资本市场提出的新要求，基于上面的分析，我们提出以下完善中国多层次资本市场的建议。

（一）大力发展新三板市场，通过新三板为注册制的推出积累经验

目前对于投资者人数200人以下的企业在新三板上市采用的方法就类似于注册制，股权公司审核后到中国证监会备案。大力发展新三板是鼓励创新的重要载体和途径，不仅为创新提供资金支持，也给予创业者在发行时的估值溢价。这样可以大大激发人们的创业激情，另外战略投资者在投资创业型企业时，也希望和需要投资的科技型企业能够上市，一方面通过股票发行时的溢价完成投资增值的实现。另一方面也可以抽出资金重新进行战略性投资。例如，小微企业在创业初期急需资金，同时又缺乏担保品，甚至财务制度都不是非常健全的，不受银行重视。即使能够拿到贷款，利率也比较高，让处于创业初期的小微企业苦不堪言，甚至让一些优质小微企业在创业初期就由于资金缺乏，成本过高而夭折。本来不愿意借款给小微企业的资金所有者在考察小微企业的发展前景后，考虑到后来的无限发展空间反而愿意以所有者身份投资，这也体现了风险和收益的对等、合作共赢、风险共担、利益

共享。

主板市场主要解决投资问题，让稳健投资者获得稳定收益，而场外市场主要解决融资问题，既解决融资难、融资贵又解决目前存在的投资渠道单一、资产短缺问题。实现投资者、融资者的共赢，形成良性互动。

（二）创造条件，稳步推行注册制

关于注册制，单纯从制度设计上来看，是一种较核准制更为先进的制度。现阶段关于中国注册制的推出要反对两个极端观点：一是不顾现实条件，在配套措施没有跟上的情况下，快速推出，这可能会制约资本市场的健康发展，引起严重后果。二是彻底反对注册制，认为注册制不适合中国国情，无论如何在中国不能搞注册制。下一步应该积极创造条件、制定相应的配套措施：在信息披露、强制分红、信息惩罚力度等方面要进一步完善，跟上时代步伐，既为优质企业提供资源、资金支持，又要淘汰劣质企业，严惩作假者，保护投资者合法利益。在满足基本入市条件的前提下，证监会重点进行形式审查，着重于关注企业信息披露的真实性，而把企业盈利能力、前景、值多少钱等问题交由市场决定。下一步要创造条件，深化改革，逐步实行注册制，在政府集中做好监管职责的同时，也要切实发挥中介机构的监管责任。这次 IPO 发行制度改革就有一个很好的做法，让中介机构赔付。当然注册制注重形式审查不注重实质审查是让位于市场决定价格，防止企业为了上市而作假公关，造成资源垄断。但这也不是放任自流，而是加强监管，整顿市场秩序，对不符合规定者坚决让其退市。当然在注册制推出早期，由于供给增多可能会冲击股市，造成股市下跌，但是长期来看，由于提高了效率，引入更多优质企业，刺激全要素生产率的增长而给予投资者更多回报。

（三）坚持资本市场的投资融资功能并重

对于国内资本市场，在发挥资本市场融资功能的同时要完善分红、退市制度，逐步采取强制分红制度，保护投资者利益，增强资本市场的投资功能，通过资本市场的发展不仅要为企业融资，也要给予投资者更大收益机会。对于外资方面，要坚持吸引外资和对外投资并重，由商品出口改变到投资出口，让国内投资者参与到国外金融市场，分享国外经济增长的胜利果实。统筹发挥证券市场的投资和融资功能，不仅为国内优质企业提供融资渠道，还为红筹股回归创造条件。对于资本投资，不仅引进来也要走出去，由商品出口发展为商品出口和投资出口并重。

（四）积极推行金融创新

结合中国国情稳步推行金融衍生工具创新，在推进的同时要充分考虑衍生工具的两面性，既能发现价格，通过套期保值规避风险，增强市场流动性，提高资金使用效率，又能加大价格波动风险，对市场风险起到推波助澜的作用。通过资本市场发展，积极推进国企改革，实行混业经营，大力实施管理层、员工股权激励计划，提高管理层、员工的积极性。与此同时，要加强监管力度，严格执法。完善相关规章制度，加大违规处罚力度和强度，明确标准，对造假者要加大处罚力度，确保公司信息披露的有效和真实，让企业不能也不敢信息作假，让诚实守信者得到合理回报，发挥市场的优胜劣汰功能。加大证券机构等中介机构的责任，让中介机构真正起到审核和监管责任。严格信息披露，严惩作假等违规事件，而把企业是否有价值，到底值多少钱交由市场决定。

（五）加强投资者教育，倡导价值投资理念

一方面加强投资者教育，提高投资者素质，增强投资者信息收集处理能力、风险识别控制和管理能力；另一方面尊重市场规律，政府主要做规则制定、监管等宏观层面的事情，而对于股票价格、投资价值等让市场、投资者去决定。采取多重措施和渠道进行风险警示教育，培养投资者长期投资分享经济增长红利的意识和习惯，对交易费率和投资收益征税税率根据持有时间长短和操作频率进行差异化征收，并加大这种差异。随着金融市场的发展，越来越需要投资者具有风险识别、信息收集、处理能力和风险控制管理能力。这不仅需要投资者的知识水平和投资阅历，还需要投资者形成一个团队，优势互补，这就需要培养合格机构投资者，对大额资金进行组合投资，实现同等风险下的收益最大化或者同等收益下的风险最小化。

（六）重视货币当局的前瞻性引导调控，发挥前瞻性政策的作用

在经济新常态背景下，应该增强货币政策透明度建设，增强政策透明度，增强中央银行的预调、微调能力，加强预调微调调控方式的作用（何启志，2016）。要重视和增强货币政策透明度提高，中央银行公告，预期引导等间接手段在资本市场调节中的作用。加强预期引导，通过预期调控可以起到事半功倍的作用。完善信息披露制度和信息传递渠道。完善和充分利用资本市场的信息价值，政府通过加强监管，确保企业信息的真实有效，打击虚假信息发布、操纵市场等行为。加大中介机构的监管责任，提高企业的社会责任感和对信息披露的重视，培养企业如实、及时按照规定披露相关信息的习惯，让企业既不敢又不能作假，以便让投资者根据企业披露的信息独立自主地作出价值判断，发挥市场的优胜劣汰功能和作用。

总之，经济新常态背景下更需要明确资本市场与经济增长的互动机制，采取有力措施、大力发展多层次资本市场，切实解决融资难、融资贵的问题，搭建投资融资渠道，鼓励创新和创业，让投资者分享经济增长果实，让融资者能够有效地筹集资金，利用新技术提高效率，同时也通过资本市场得到合理的溢价补偿，通过多层次资本市场建设实现金融强国，为最终实现经济强国提供金融支持和保障。

参考文献

[1] 巴曙松.应从金融结构演进角度客观评估影子银行［J］.经济纵横，2013（4）:27-30.

[2] 巴曙松.经济结构转型与金融风险防控:影子银行体系"在线修复"的全局意义［J］.人民论坛·学术前沿，2015（6）:21-30.

[3] 卞志村，张义.央行信息披露、实际干预与通胀预期管理［J］.经济研究,2012（12）:15-28.

[4] 毕鹏.我国国债期货涨跌板制度研究［J］.经济管理，2006（24）:78-83.

[5] 陈继勇，甄臻.后危机时代中美影子银行形成机制、风险特征比较及对策研究［J］.武汉大学学报（哲学社会科学版），2013（6）:90-96.

[6] 陈秋雨，Park J W.中国黄金期货保证金水平——基于非正态分布下的研究［J］.财经论丛，2014（12）:46-52.

[7] 陈学华，杨辉耀.VaR-APARCH模型与证券投资风险量化分析［J］.中国管理科学，2003（1）:22-27.

[8] 陈彦斌.中国新凯恩斯菲利普斯曲线研究［J］.经济研究，2008（12）:50-64.

[9] 陈彦斌，唐诗磊，李杜.货币供应量能预测中国通货膨胀吗［J］.经济理论与经济管理，2009（2）:22-28.

[10] 范从来.菲利普斯曲线与我国现阶段的货币政策目标［J］.管理世

界, 2000（6）: 122-129.

[11] 范从来, 邢军峰. 全球失衡的新解释："资产短缺"假说［J］. 学术月刊, 2013（2）: 82-89.

[12] 范从来. 论货币政策中间目标的选择［J］. 金融研究, 2004（6）: 123-129.

[13] 冯辉, 张蜀林. 国际黄金期货价格决定要素的实证分析［J］. 中国管理科学, 2012（S1）: 424-428.

[14] 傅晓, 牛宝俊. 国际农产品价格波动的特点、规律与趋势［J］. 中国农村经济, 2009（5）87-96.

[15] 高铁梅. 计量经济分析方法与建模-EViews应用及实例［M］. 北京: 清华大学出版社, 2009.

[16] 龚朴, 何旭彪. 非平移收益曲线的风险免疫策略［J］. 管理科学学报, 2005（4）: 60-67.

[17] 何光辉. 中国CPI与PPI的结构与动态作用机制研究［J］. 经济科学, 2009（4）: 15-30.

[18] 贺力平, 樊纲, 胡嘉妮. 消费者价格指数与生产者价格指数: 谁带动谁？［J］. 经济研究, 2008（11）: 16-26.

[19] 何启志. 货币政策的透明度与前瞻性引导作用［N］. 光明日报（理论周刊·经济学）, 2016-2-17（15）.

[20] 何启志. 国际农产品价格波动风险研究［J］. 财贸研究, 2010（5）: 63-69.

[21] 何启志. 货币和产出缺口能给通货膨胀提供有用的信息吗？［J］. 统计研究, 2011（3）: 15-22.

[22] 胡冰川, 徐枫, 董晓霞. 国际农产品价格波动因素分析——基于时间序列的经济计量模型［J］. 中国农村经济, 2009（7）: 86-95.

[23] 胡海峰, 罗惠良. 我国多层次资本市场的生成机理与演化路径［J］. 中国社会科学院研究生院学报, 2011（5）: 17-23.

[24] 胡小平. La-ES 与最优变现策略模型研究［D］. 南京：东南大学，2006.

[25] 胡晓馨. 基于极值理论的黄金期货市场风险度量研究［D］. 杭州：浙江大学，2014.

[26] 惠建军. 我国场外交易市场与小微企业发展的互动效应研究展［J］. 财经问题研究，2015（10）：119-124.

[27] IMF. 中华人民共和国 2014 年第四条磋商——工作人员报告、新闻稿、以及中国执行董事的陈述［R］. 基金组织国别报告，2014a，14/235.

[28] 冀志斌，周先平. 中央银行沟通可以作为货币政策工具吗——基于中国数据的分析［J］. 国际金融研究，2011（2）:25-34.

[29] 况昕. 对经济下行形势下推行股票发行注册制的思考［J］. 财经科学，2016（4）:13-21.

[30] 林光华，陈铁. 国际大米价格波动的实证分析：基于 ARCH 类模型［J］. 中国农村经济，2011（2）：83-92.

[31] 林辉，何建敏. VaR在投资组合应用中存在的缺陷与CVaR模型［J］. 财贸经济，2003（1）：46-49.

[32] 林建浩，赵文庆. 中国央行沟通指数的测度与谱分析［J］. 统计研究，2015（1）：52-58.

[33] 李成，马国校. VaR模型在我国银行同业拆借市场中的应用研究［J］. 金融研究，2007（5）:62-77.

[34] 李付军. SV-GED 模型在中国股市的 VaR 与 ES 度量及分析［J］. 系统工程理论方法应用，2006（1）：44-48.

[35] 李红霞，傅强，袁晨. 中国黄金期货与现货市场的相关性及其套期保值研究［J］. 财贸研究，2012（3）：85-92.

[36] 刘现伟. 加快推进公有制经济与非公有制经济协同发展［J］. 宏观经济管理，2014（3）：14-15.

[37] 刘飞，吴卫锋，王开科. 我国黄金期货市场定价效率与价格发现功

能测算——基于5分钟高频数据的实证研究［J］.国际金融研究,2013（4）:74-82.

[38] 刘庆富,王真.中国期货合约动态保证金水平的设定研究［J］.系统工程学报,2011（6）:776-784.

[39] 刘晓星,何建敏,刘庆富.基于 VaR-EGARCH-GED 模型的深圳股票市场波动性分析［J］.南开管理评论,2005（5）:9-13.

[40] 李成,高智贤.商业银行风险偏好、信贷规模与央行信息披露的非对称性［J］.山西财经大学学报,2014（6）:39-48.

[41] 李建军,胡凤云.中国中小企业融资结构、融资成本与影子信贷市场发展［J］.宏观经济研究,2013（5）:7-11.

[42] 李扬.影子银行体系发展与金融创新［J］.中国金融,2011（12）:31-32.

[43] 陆晓明.中美影子银行系统比较分析和启示［J］.国际金融研究,2014（1）:55-63.

[44] 吕健.影子银行推动地方政府债务增长了吗［J］.财贸经济,2014（8）:38-48.

[45] 马理,黄帆帆,孙芳芳.央行沟通行为与市场利率波动的相关性研究——基于中国银行业同业拆放利率 Shibor 的数据检验［J］.华中科技大学学报:社会科学版,2013（6）:88-97.

[46] 饶明,何德旭.中国股票市场改革与创新发展的逻辑［J］.当代经济科学,2015（6）:1-8.

[47] 沈伯平.股票发行注册制与我国证券交易所的自我规制［J］.价格理论与实践,2015（11）:112-115.

[48] 孙国峰,贾君怡.中国影子银行界定及其规模测算:基于信用货币创造的视角［J］.中国社会科学,2015（11）:92-110.

[49] 汤欣,魏俊.股票公开发行注册审核模式:比较与借鉴［J］.证券市场导报,2016（1）:4-16.

[50] 王达.论美国影子银行体系的发展、运作、影响及监管［J］.国际金融研究,2012（1）:35-43.

[51] 王自锋,白玥明,何翰.央行汇率沟通与实际干预调节人民币汇率变动的实效与条件改进［J］.世界经济研究,2015（3）:15-25+127.

[52] 王兆才.中国黄金期货市场波动特征及风险研究［D］.上海:复旦大学,2012.

[53] 吴国培,潘再见.中央银行沟通对金融资产价格的影响——基于中国的实证研究［J］.金融研究,2014（5）:34-47.

[54] 伍超明.中期通胀压力逐渐显现［N］.21世纪经济报道,2009-07-20.

[55] 吴晓灵.修复A股制度缺陷［J］.资本市场,2016,Z1:9.

[56] 萧松华,伍旭.PPI:当前我国通货膨胀的先行指标［J］.暨南学报,2009（4）:105-113.

[57] 肖欣荣,伍永刚.美国利率市场化改革对银行业的影响［J］.国际金融研究,2011（1）:69-75.

[58] 谢百三,刘芬.我国近期股票发行实行注册制的风险与对策［J］.价格理论与实践,2014（4）:10-13.

[59] 谢赤,屈敏,王纲金.基于M-Copula-GJR-VaR模型的黄金市场最优套期保值比率研究［J］.管理科学,2013（2）:90-99.

[60] 胥爱欢.美国利率市场化前后影子银行发展、监管与启示［J］.金融教学与研究,2013（6）:2-7.

[61] 许友传.信息披露、市场约束与银行风险承担行为［J］.财经研究,2009（12）:118-128.

[62] 徐军辉.中国式影子银行的发展及其对中小企业融资的影响［J］.财经科学,2013（2）:11-20.

[63] 徐学超,张新兰.中美"影子银行"风险与监管辨析［J］.农村金融研究,2012（3）:28-33.

[64] 徐亚平.货币政策有效性与货币政策透明制度的兴起［J］.经济研

究, 2006（8）: 24-34.

[65] 杨丽萍, 陈松林, 王红. 货币供应量、银行信贷与通货膨胀的动态关系研究［J］. 管理世界, 2008（6）: 168-169.

[66] 杨胜刚, 陈帅立, 王盾. 中国黄金期货价格影响因素研究［J］. 财经理论与实践, 2014（3）: 44-48.

[67] 杨宇, 陆奇岸, CPI、RPI 与 PPI 之间关系的实证研究——基于 VAR 模型的经济计量分析［J］. 价格理论与实践, 2009（5）: 57-58.

[68] 姚敏. 中外影子银行体系比较研究［J］. 东北财经大学学报, 2014（4）: 10-16.

[69] 余亮, 周小舟. 我国黄金期货与现货市场的价格变动和价格发现机制［J］. 上海金融, 2009（4）: 41-44.

[70] 俞俊利, 章立军. 推进股票发行注册制改革的路径探讨［J］. 经济纵横, 2015（5）: 71-74.

[71] 张幼林. 多层次资本市场: 北京金融产业的新增长点——"十三五"时期首都多层次资本市场发展的思考［J］. 北京社会科学年, 2016（1）: 60-64.

[72] 证监会研究中心. 我国股票发行审核制度的演进历程［EB/OL］. （2013）[2013-07-03]. http:// www.csrc.gov.cn.

[73] 张雪兰, 何德旭. 货币政策立场与银行风险承担——基于中国银行业的实证研究（2000—2010）［J］. 经济研究, 2012（5）: 31-44.

[74] 张嫘, 方天堃. 农村人力资本积累指标评价——基于主成分分析法［J］. 农机化研究, 2009（12）: 27-30.

[75] 张利庠, 张喜才. 外部冲击对我国农产品价格波动的影响研究——基于农业产业链视角［J］. 管理世界, 2011（1）: 71-81.

[76] 张强, 胡荣尚. 中央银行沟通对金融资产价格的影响——以股票市场为例［J］. 财贸经济, 2013（8）: 67-77.

[77] 张洁岚, 罗晓铠, 李彩霞. 中国黄金期货价格发现功能动态演进实

证研究［J］.华南理工大学学报（社会科学版），2016（3）：28-36+62.

[78] 赵留彦，王一鸣.货币存量与价格水平：中国的经验证据［J］.经济科学,2005（2）26-38.

[79] 赵晓,吕彦博.我国当前存在轻度混合型通货紧缩［N］.上海证券报,2009-04-29.

[80] 中国经济增长与宏观稳定课题组.外部冲击与中国的通货膨胀［J］.经济研究,2008（5）：4-18.

[81] 中国人民银行金融稳定分析小组.中国金融稳定报告2015［M］.北京：中国金融出版社,2015.

[82] 周曙东,崔奇峰,吴强.美国发展生物质能源对国际市场玉米价格、贸易与生产格局的影响——基于CGE的模拟分析［J］.中国农村经济,2009（1）：82-91.

[83] 钟甫宁.世界粮食危机引发的思考［J］.农业经济问题,2009（4）：4-9.

[84] 祝合良,许贵阳.中国黄金期货市场价格发现功能实证研究［J］.首都经济贸易大学学报,2010（5）：44-52.

[85] 祝合良,许贵阳.我国黄金期货市场套期保值功能的实证研究［J］.财贸经济,2012（1）：50-56+122.

[86] 邹平.金融计量学［M］.上海：上海财经大学出版社,2005：144-153.

[87] 周莉萍.影子银行体系的顺周期性：事实、原理及应对策略［J］.财贸经济,2013（3）：71-78.

[88] 朱孟楠,叶芳,赵茜,等.影子银行体系的监管问题：基于最优资本监管模型的分析［J］.国际金融研究,2012（7）：49-57.

[89] ACHARYA V V, SCHNABL P, SUAREZ G. Securitization Without Risk Transfer［J］. Journal of Financial Economics, 2013, 107（3）：515-536.

[90] ADEBIYI M A. Does Money Tell Us Anything about Inflation in

Nigeria? [J] . The Singapore Economic Review, 2007 , 52（1）:117-134.

[91] ALTUNBAS Y, GAMBACORTA L, MARQUéS-IBANEZ D. An empirical assessment of the risk-taking channel [OL] . Available at SSRN 1459627, 2009.

[92] ANG A, PIAZZESI M. A No-Arbitrage Vector Autoregression of Term Structure Dynamics with Macroeconomic and Latent Variables [J] . Journal of Monetary Economics, 2003, 50（4）:745-787.

[93] BALKEMA A A, HAAN L de. Residual Life Time at Great Age [J] . The Annals of Probability, 1974, 2（5）: 792-804.

[94] BENAVIDER G. Price Volatility Forecasts for Agricultural Commodities: An Application of Historical Volatility Models, Option Implied and Composite Approaches for Futures Prices of Corn and Wheat [R] . Central Bank of Mexico, 2004.

[95] BERTAUT C, DEMARCO L P, KAMIN S, et al. ABS Inflows to The United States and The Global Financial Crisis [J] . Journal of International Economics, 2012, 88（2）: 219-234.

[96] BLINDER A S, EHRMANN M, FRATZSCHER M, et al. Central Bank Communication and Monetary Policy:A Survey of Theory and Evidence [Z] . ECB Working Paper, No. 898, 2008.

[97] BORIO C, ZHU H. Capital regulation, risk-taking and monetary policy: a missing link in the transmission mechanism? [J] . Journal of Financial Stability, 2012, 8（4）: 236-251.

[98] BOLLERSLEV T, WOOLDRIDGE J M. Quasi-maximum Likelihood Estimation and Inference in Dynamic Models with Time-varying Covariances [J] . Econometric Reviews, 1992, 11（2）: 143-172.

[99] BROOKS J, MELYUKHINA O. Estimating the Pass-Through of Agricultural Policy Reforms: An Application to Brazilian Commodity Markets

［Z］. OECD Food, Agriculture and Fisheries Working Papers, No.2, 2005.

[100] CALLEN T, Chang D. Modeling and Forecasting Inflation in India ［Z］. IMF Working Paper,WP/99/119（September）, International Monetary Fund, Washington, D.C, 1999.

[101] CLAUS I. Is the Output Gap a Useful Indicator of Inflation? ［Z］. Wellington: Reserve Bank of New Zealand Discussion Paper No. 5, 2000.

[102] CONFORTI P. Price Transmission in Selected Agricultural Markets ［Z］. FAO Commodities and Trade Policy Research Working Papers, No.7, 2004.

[103] DEANGELO H, STULZ R M. Liquid-claim Production, Risk Management, and Bank Capital Structure: Why High Leverage is Optimal for Banks ［J］. Journal of Financial Economics, 2015, 116（2）: 219-236.

[104] DELIS M D, KOURETAS G P. Interest rates and bank risk-taking ［J］. Journal of Banking & Finance, 2011, 35（4）: 840-855.

[105] DE NICOLò G, DELL'ARICCIA G, LAEVEN L, et al. Monetary Policy and Bank Risk Taking ［OL］. Available at SSRN 1654582, 2010.

[106] DOAN T, LITTERMAN R, SIMS C. Forecasting and Conditional Projections Using a Realistic Prior Distribution ［J］. Econometric Reviews, 1984, 3（1）: 1-100.

[107] DUREVALL D, NDUNG'U N. A dynamic inflation model for Kenya, 1974—1996 ［J］. Journal of African Economies, 2001, 10（1）:92-125.

[108] DUMOUCHEL W H. Estimating the Stable Index α in order to Measure Tail Thickness: A Critique ［J］. The Annals of Statistics, 1983, 11（4）: 1019-1031.

[109] FREY R, MCNEIL A J. VaR and Expected Shortfall in Portfolios of Dependent Credit Risks: Conceptual and Practical Insights ［J］. Journal of Banking and Finance, 2002, 26（7）:1317-1334.

[110] FERRANTE F. A Model of Endogenous Loan Quality and the Collapse of the Shadow Banking System [Z]. Federal Reserve Board Finance and Economics Discussion Series , 2015.

[111] FSB. Global Financial Stability Report: Risk Taking, Liquidity and Shadow Banking Curbing Excess while Promoting Growth [R]. 2014.

[112] GORTON G, METRICK A, SHLEIFER A, et al. Regulating the Shadow Banking System [with comments and discussion] [R]. Brookings Papers on Economic Activity, 2010, (2): 261-297.

[113] GENNAIOLI N, SHLEIFER A, VISHNY R W. A model of shadow banking [J]. The Journal of Finance, 2013, 68 (4): 1331-1363.

[114] GNEDENKO B. Sur La Distribution Limite Du Terme Maximum D'une Serie Aleatoire [J]. Annals of Mathematics, 1943, 44 (3): 423-453.

[115] GROUP OF THIRTY GLOBAL DERIVATIVES STUDY GROUP. Derivatives: Practices and Principles: Follow-up Surveys of Industry Practice [R]. Washington DC: Group of Thirty, 1993.

[116] HARUTYUNYAN A, MASSARA M A, UGAZIO G, et al. Shedding Light on Shadow Banking [Z]. International Monetary Fund, WP/15/1, 2015.

[117] HARMANTZIS F C, MIAO L, CHIEN Y. Empirical Study of Value-at-risk and Expected Shortfall Models with Heavy Tails [J]. The Journal of Risk Finance, 2006, 7 (2):117-135.

[118] HEINEMANN F, ULLRICH K. Does it Pay to Watch Central Bankers'Lips? The Information Content of ECB Wording [J]. Swiss Journal of Economics and Statistics, 2007, 143 (2): 155-185.

[119] HILLINGER C, SüSSMUTH B. The Quantity Theory of Money: An Assessment of its Real Linchpin Prediction [Z]. CESIFO Working Paper N0. 2995, Category 7: Monetary Policy and International FinanceI, 2010.

[120] HU G X, PAN J, WANG J. Tri-Party Repo Pricing [Z]. NBER

Working Paper, No. w21502, 2015.

[121] IMF. Global Financial Stability Report—Risk Taking, Liquidity, and Shadow Banking: Curbing Excess while Promoting Growth［R］. 2014b.

[122] IMF. Global Financial Stability Report: Potent Policies for a Successful Normalization［R］. 2016.

[123] JIANG J. Shadow Banking in China-Battling the Darkness:Every Time Regulators Curb one Form of Non-bank Lending, Another Begins to Grow ［EB/OL］. The Economist. http://www.economist.com/news/finance-and-economics /21601872-every-time-regulators-curb-one-form-non-bank-lending-another-begins, 2014-05-10.

[124] KODRES L E. What is Shadow Banking［J］. Finance & Development, 2013, 50（2）: 42-43.

[125] Kupiec P H. Techniques for Verifying the Accuracy of Risk Measurement Models［J］. Journal of Derivatives, 1995, 3（2）: 73-84.

[126] Lesage J P. Applied Econometrics using MATLAB［Z］. Department of Economics, University of Toledo, October, 1999.

[127] LU Y, GUO H, KAO E H, et al. Shadow Banking and Firm Financing in China［J］. International Review of Economics & Finance, 2015, 36: 40-53.

[128] MARINELLI C, D'ADDONA S, RACHEV S T. A Comparison of some Univariate Models for Value-at-Risk and Expected Shortfall［J］. International Journal of Theoretical and Applied Finance, 2007, 10（6）: 1043-1075.

[129] MCCULLOCH J H, STEC J A. Generating Serially Uncorrelated Forecasts of Inflation by Estimating the Order of Integration Directly［R］. Barcelona: Paper presented at the 6th International Conference on Computing in Economics and Finance, 2000.

[130] MORGAN J P. RiskMetrics[TM] -Technical Document（Fourth

Edition）［R］. New York, December 1996, 17:1-237.

[131] MOREIRA A, SAVOV A. The Macroeconomics of Shadow Banking ［Z］. National Bureau of Economic Research, WP20335, 2014.

[132] MORRIS S, SHIN H S. Social Value of Public Information ［J］. The American Economic Review, 2002, 92（5）: 1521-1534.

[133] MORONEY J R. Money Growth, Output Growth and Inflation: Estimation of a Modern Quantity Theory ［J］. Southern Economic Journal, 2002, 69（4）: 398-418.

[134] NELSON D B. Conditional Heteroskedasticity in Asset Returns: A New Approach ［J］. Econometrica: Journal of the Econometric Society, 1991, 59（2）: 347-370.

[135] PESARAN M H, Shin Y, SMITH R J. Bounds Testing Approaches to the Analysis of Level Relationships ［J］. Journal of Applied Econometrics, 2001, 16（3）: 289-326.

[136] RAMAKRISHNAN U, VAMVAKIDIS A. Forecasting Inflation in Indonesia ［Z］. IMF Working Paper 02/111, International Monetary Fund, 2002.

[137] SHRETHA M B, CHOWDHURY K. ARDL Modelling Approach to Testing the Financial Liberalisation Hypothesis ［Z］. University of Wollongong Economics Working Paper Series, 2005.

[138] SIMS C A. Macroeconomics and Reality ［J］. Econometrica, 1980, 48（1）: 1-48.

[139] SIMS C A. Macroeconomics and Reality ［Z］. Discussion Paper, 1977: 77-91.

[140] TAGUCHI H. Policy Assignment on Money Supply: The Case of Indonesia in the 1980s ［J］. ASEAN Economic Bulletin, 1995, 12（1）: 64-79.

[141] TASCHE D. Expected Shortfall and Beyond ［J］. Journal of Banking & Finance, 2002, 26（7）: 1519-1533.

[142] TROSTLE R. Global Agricultural Supply and Demand: Factors Contributing to the Recent Increase in Food Commodity Prices［Z］. USDA, 2008.

[143] TWEETEN L G, THOMPSON S R. Long-term Global Agricultural Output Supply-Demand Balance and Real Farm and Food Prices［Z］. The Ohio State University Working Paper: AEDE-WP 0044–08, 2008.

[144] PICKANDS Ⅲ J. Statistical Inference Using Extreme Order Statistics ［J］. The Annals of Statistics, 1975, 3（1）: 119-131.

[145] PLANTIN G. Shadow Banking and Bank Capital Regulation［J］. The Review of Financial Studies, 2014, 28（1）: 146-175.

[146] POZSAR Z, ADRIAN T, ASHCRAFT A B, et al. Shadow banking ［Z］. Federal Reserve Bank of New York Working Paper, No. 458, 2010.

[147] ROCKAFELLAR R T, URYASEV S. Optimization of Conditional Value-at-Risk［J］. Journal of Risk, 2000,（2）: 21-42.

[148] WESTCOTT P C. Ethanol Expansion in the United States, How Will the Agricultural Sector Adjust?［Z］. USDA, FDS-07D-01, 2007.

后 记

　　本书从总体物价水平、国际农产品、国际石油价格、黄金期货市场视角研究了多种价格的波动性特征，然后研究了央行沟通对金融市场稳定的前瞻性调控和引导效果，接着基于中美对比的视角研究了中国影子银行发展的问题，最后提出在经济新常态背景下大力发展多层次资本市场，促进金融市场健康发展的建议。

　　本书的部分成果发表在《管理世界》《统计研究》《财贸研究》《上海经济研究》《统计与决策》《价格理论与实践》《江南大学学报》等杂志上。

　　写作过程中得到南京大学范从来教授、东南大学何建敏教授的指导，也得到安徽财经大学金融学院任森春教授、万光彩教授、无锡太湖学院徐从才教授、徐立青教授、唐建荣教授等的帮助，我的研究生刘琦、张旭阳、彭承亮等也做了大量的工作，在此表示感谢！

　　同时也感谢安徽财经大学、无锡太湖学院等单位给予的支持！

　　鉴于能力和时间的限制，本书还有疏漏和不足之处，欢迎读者多提意见，我们将在再版中予以修正！

何启志、戴翔等

2018 年 8 月